Die freie Journalistin und Buchautorin **Cornelia Lohs** ist an über 100 Tagen im Jahr in der Welt unterwegs, verfasst Reiseführer und schreibt Reportagen und Features für diverse Medien. Fünf Jahre lang lebte sie »teilzeit« in Michigan und lernte die USA bei vielen Reisen quer durchs Land kennen - von der Bürokratie über politische Fund-Raising-Partys bis hin zu Treffen mit Baseball-Legenden. 2014 heiratete sie ihren amerikanischen Lebensgefährten in Dänemark, der es in Deutschland viel spannender fand als in seiner Heimat und fortan lieber hier lebte. Zumal die Heimat seiner Vorfahren, Irland, weniger als zwei Flugstunden entfernt liegt.

CORNELIA LOHS

Was Sie dachten

NIEMALS

über

DIE USA

wissen zu wollen

55 Einblicke ins Land der nicht ganz
so unbegrenzten Möglichkeiten

CON
BOOK.

www.conbook-verlag.de

Einbandgestaltung: Weiß-Freiburg GmbH, Grafik und Buchgestaltung
unter Verwendung der Motive von Glen Jones/Shutterstock.com und
Jim Parkin/Shutterstock.com
Satz: Röser MEDIA, Karlsruhe
Druck und Verarbeitung: Multiprint, Bulgarien

ISBN 978-3-95889-366-5
893665 01 22 6

Die in diesem Buch dargestellten Zusammenhänge, Erlebnisse und Thesen entstammen den Erfahrungen und/oder der Fantasie der Autorin
und/oder geben ihre Sicht der Ereignisse wieder. Etwaige Ähnlichkeiten
mit lebenden Personen, Unternehmen oder Institutionen sowie deren
Handlungen und Ansichten sind rein zufällig. Die genannten Fakten wurden mit größtmöglicher Sorgfalt recherchiert, eine Garantie für Richtigkeit und Vollständigkeit können aber weder der Verlag noch die Autorin
übernehmen. Lesermeinungen gerne an feedback@conbook.de.

Folgen Sie uns!

*Wir informieren Sie gerne und regelmäßig über
Neuigkeiten aus der Welt des CONBOOK Verlags.
Folgen Sie uns für News, Stories und Informationen zu unseren Büchern, Themen und Autoren.*

www.conbook-verlag.de/newsletter

www.facebook.com/conbook

www.instagram.com/conbook_verlag

Für meinen Mann, Patrick Mears

INHALT

Vorwort 13

1. Für manche bieten die USA unbegrenzte
   Möglichkeiten, für andere nur unmögliche
   Begrenztheit. 17

2. Die Amerikaner haben den kompliziertesten
   Nationalsport 21

3. Englisch ist nicht die offizielle Landessprache
   der USA 27

4. Amerika hatte mal einen Kaiser 31

5. In den USA sind Politik und Religion
   miteinander verquickt 37

6. In den USA können Kinder Bürgermeister
   werden 41

7. Beim amerikanischen Wahlsystem
blickt keiner durch. 45

8. In einigen US-Staaten dürfen Atheisten kein
öffentliches Amt übernehmen. 51

9. Der Russe steht vor den Toren der USA 55

10. Super Bowl – die amerikanische Nation
steht still 59

11. »Fluchen und Spucken gegen den Wind
verboten« und andere seltsame US-Gesetze . . .63

12. Beim Spaziergang in den USA droht
Verhaftung. 67

13. Schlaglöcher kurbeln die amerikanische
Autoindustrie an 71

14. Mitunter wird auch ein Vizepräsident
zum Mörder 75

15. Mieterschutz? Nicht in den USA! 81

16. Wer in den USA einen Zehn-Dollar-Schein
in der Tasche und keine Schulden hat, ist
reicher als der Durchschnittsamerikaner 85

17. Die Amerikaner haben eine Flaggenmacke 89

18. Die amerikanische Flagge ist das Design
eines Teenagers. 93

19. In den USA grüßt täglich der Fahneneid. 97

20. In den USA kann der Gang zum Briefkasten
gefährlich werden 101

21. Ben & Jerry's haben in den USA ihren
eigenen Friedhof 105

22. Wer in den USA hat, der gibt 109

23. Kein Amerikaner, ein Schwabe hat
Hollywood erfunden 113

24. Die Library of Congress archiviert alle
Tweets, die in den USA abgesetzt werden 117

25. Uncle Sam war mal ein Etikett der
U.S. Army 121

26. Die amerikanische Mafia lebt in New Jersey. . . 125

27. Ein Mann aus Angola wurde zum ersten
schwarzen Sklavenbesitzer der USA 133

28. Bis 1924 waren die Indianer keine Bürger
der USA 137

29. Buffalo Bill war der erste Reality-Show-Star
der USA 141

30. Antichrist und Apokalypse stehen
in den USA hoch im Kurs 145

31. In den USA gibt es eine Lizenz zur
Einhornjagd 149

32. Deutsche Einwanderer waren Mitbegründer
der amerikanischen Arbeiterbewegung
in Chicago 153

33. Der Deutsche, der Amerika erobern wollte . . . 157

34. Die unbegrenzt vielen Möglichkeiten, in
den USA zu klagen und verklagt zu werden . . . 161

35. Aliens schweben vorzugsweise über
den USA 165

36. Ein US-Präsident erfand den Drehstuhl
und andere nützliche Dinge 169

37. Spring Break – amerikanische Studenten
lassen die Sau raus. 173

38. 4 : 1 für die Kuh im US-Staat South Dakota . . . 177

39. Der amerikanische Präsident
Theodore Roosevelt war mal Cowboy 181

40. Die Amerikaner verleihen Pferden
militärische Ränge. 183

41. Im US-Staat Kentucky ersaufen die
Menschen in Bourbon 189

42. Die Melodie der amerikanischen
Nationalhymne stammt von einem
britischen Trinklied 193

43. Der Champion der kuriosesten Weltrekorde
ist ein Amerikaner 199

44. Die USA wurden einmal klammheimlich
von einer Frau regiert. 203

45. Die Heiligen in den USA stehen
politisch links 207

46. In den USA werden für die schrägsten Ideen
Patente vergeben 211

47. Die Waschmaschinen in den USA haben
nur eine begrenzte Waschkraft 215

48. Die Amerikaner spielen gerne Bürgerkrieg. . . . 219

49. In den USA gehen auch Metropolen
insolvent 223

50. Ein amerikanischer Präsident schaffte es
in die National Wrestling Hall of Fame 227

51. Fast, aber nur fast, hätten die USA mal
eine gesetzliche Krankenversicherung
bekommen 231

52. Die Obsession der Amerikaner mit
Baseballkappen. 235

53. Die Amerikaner tun sich schwer mit
Fremdsprachen. 239

54. Die Russen lieben die Grüne Partei Amerikas . . 243

55. In den USA wurden Orte auch schon mal von
Kommunisten und Sozialisten regiert. 247

Stichwortverzeichnis. 251

VORWORT

Als ich zwölf Jahre alt war, war ich Fan amerikanischer Fernsehserien, was dazu führte, dass ich unbedingt in den USA leben wollte. Ich war fasziniert vom *American Way of Life* – zumindest von dem Lifestyle, den ich auf dem Bildschirm sah. Und sowieso schien mir dort alles so viel schöner, größer und weiter als im heimatlichen Neckartal! Ich lernte wie eine Besessene Englisch, war bald die Klassenbeste in diesem Fach und hörte im Radio den (heute legendären) US-Militärsender AFN (American Forces Network). Mit zehn Jahren wollte ich Schriftstellerin werden – mit zwölf stand mein Berufswunsch fest: Reporterin in den USA! Das änderte sich, als ich 15 war und Italienisch lernte – AFN war out, italienische Radiosender in.

Gut, amerikanische Romane verschlang ich weiterhin im Original, und mein *Newsweek*-Abo gab ich auch nicht auf, aber bis zu meiner ersten USA-Reise sollten noch ein paar Jahre vergehen. Zunächst waren Studium, Beruf und Familienplanung angesagt. Meine jüngere Schwester war inzwischen in die USA ausgewandert. Als ich sie endlich zusammen mit meinem Sohn Francesco in Long Beach besuchte, waren sieben Jahre vergangen. Ich war begeistert von Kalifornien, der Weite, den endlosen Stränden und der ansteckend guten Laune der Menschen. Im Jahr darauf flogen wir nach New York City und wären am liebsten geblieben.

Als ich ein paar Jahre später meinen heutigen Ehemann kennenlernte, fing ich an, zwischen Frankfurt und Detroit zu pendeln. Pat lebte und arbeitete als Anwalt in Grand Rapids, Michigan. Ich blieb drei Monate im Sommer, zwei im Winter und hatte plötzlich zwei »Zuhause«. Wenn ich dort war, reisten wir viel – ich schloss Bekanntschaft mit Land und Leuten von Ost nach West und Nord nach Süd und habe die USA als Reiseland lieben gelernt.

Als zeitweise »Einwohnerin« bin ich jedoch oft verzweifelt. Die Freundlichkeit, die mir überall entgegenschlug, empfand ich bald als oberflächlich. Floskeln wie »*Come over for a coffee*« (Komm auf einen Kaffee vorbei) nahm ich anfangs ernst und wunderte mich über die Verwunderung der Gastgeberin, wenn ich tatsächlich vor der Tür stand. »Es ist eine nur eine Floskel, die nicht mehr bedeutet als ›Bis dann‹«, erklärte mir Pat. Ich hatte manchmal keine Lust, zigmal am Tag auf »*How are you?*« mit dem erwarteten »*Great, thank you. How are you?*« zu antworten. Ganz besonders nicht dann, wenn ich mal nicht so gut gelaunt war. Weil ich vielleicht gerade mal wieder mit dem Fahrrad in ein Schlagloch geraten war (siehe Kapitel 15, S. 81), ich von einem Baseball getroffen wurde (siehe Kapitel 2, S. 21), die Waschmaschine ein Lieblingsshirt ruiniert hatte (siehe Kapitel 47, S. 215) oder ich beim Gang zum Briefkasten auf dem Glatteis ausgerutscht war (siehe Kapitel 20, S. 101). Und manchmal war ich einfach nur genervt, weil mich mal wieder die Polizei bei einem Spaziergang angehalten hatte und ich erklären musste, warum ich zu Fuß ging (siehe Kapitel 12, S. 67).

Ich liebe Geschichten. In den USA hatte ich das Glück, großartige Geschichtenerzähler zu treffen: auf Dinner- und Fundraising-Partys, im Coffeeshop in Chicago, im Taxi, beim Frühstück in B&Bs und an anderen Orten. Ich kam ins Gespräch mit Ufo-Gläubigen (siehe Kapitel 35, S. 165), einem Arzt und seiner Frau aus South Dakota, die mir von der Übermacht der Kühe erzählten (siehe Kapitel 38, S. 177), einer Kommunistin, die von Dorothy Day schwärmte (siehe Kapitel 45, S. 207), und als ich mal vor einem Gerichtssaal in Detroit auf Pat wartete, der gerade einen Klienten verteidigte, erzählte mir die Frau, die neben mir saß, von abstrusen Gesetzen, die immer noch in Kraft sind (siehe Kapitel 11, S. 63). Geschichten wie diese recherchierte ich später – sie sind Teil dieses Buches.

Dass ich ganz in die USA ziehen würde, stand nie zur Debatte. Schon gar nicht, weil Pat lieber in Europa leben wollte – er hat irische Vorfahren und Irland war eigentlich als Lebensmittelpunkt gedacht. Aber das ist eine andere Geschichte.

PS: Nehmen Sie den Titel des Buches nicht zu ernst und reisen Sie trotzdem in die USA!

FÜR MANCHE BIETEN DIE USA UNBEGRENZTE MÖGLICHKEITEN, FÜR ANDERE NUR UNMÖGLICHE BEGRENZTHEIT

» Die USA sind das Land der unbegrenzten Möglichkeiten«, schwärmte der Berliner Bankier Ludwig Max Goldberger, der 1901/02 durch die USA reiste, um das Wirtschaftsleben der Vereinigten Staaten zu studieren. Seine Eindrücke hielt er in dem 1903 erschienenen Buch *Land der unbegrenzten Möglichkeiten* fest und prägte mit dem Titel den Beinamen der USA. »Die wirtschaftliche Entwicklung Amerikas (...) macht von Tag zu Tag neue und ungeahnte Fortschritte. Die Schätze, die der Boden erzeugt, und die Schätze, die unter der Erde gehoben werden, sind märchenhaft. Die maschinell-technische Ausrüstung scheint unübertrefflich«, so Goldberger, warnte aber auch: »Europa muss wach bleiben.«

Es war die Zeit von John D. Rockefeller (1839–1937), der es vom Hilfsbuchhalter zum Gründer der Standard Oil Company schaffte, dem damals größten Erdölraffinerie-Unternehmen der Welt, und von Andrew Carnegie (1835–1919), der es vom Spuler in einer Baumwollspinnerei zum Stahlmagnaten und zu einem der reichsten Männer seiner Zeit brachte. Rockefeller wurde zum ersten Milliardär der Welt. Auch bettelarme deutsche Immigranten brachten es zu Reichtum. So Johann Jakob Astor (1763–1848) aus der Kurpfalz, der mit Pelzhandel und Immobilien als John Astor zum ersten Multimillionär der USA wurde – Jahrzehnte vor Carnegie und Rockefeller.

Zwischen 1860 und 1900 stieg die Zahl der Industriebetriebe von 140.000 auf über 500.000. *Golden Age* nannte man die Jahre von 1866 bis 1890. Golden waren sie allerdings nur für die Wohlhabenden. Average Joe (Otto Normalverbraucher) bekam vom Reichtum nichts ab und fand auch bald den Sündenbock: die Einwanderer. Die kamen zwischen 1860 und 1900 in Massen, sodass sich die Bevölkerung in nur 40 Jahren von 31 auf 76 Millionen verdoppelte. Joe Average sah in den Neuankömmlingen vor allem eines: Lohndrücker.

Bereits Mitte des 19. Jh. war die Native American Party entstanden, die sich bald »*Know Nothing*« nannte, denn wer Mitglied werden wollte, musste einen Eid schwören, nichts zu wissen, sollte ihn jemand über die Partei ausfragen. Mitglied werden durften weiße protestantische Männer englischer Herkunft. Allerdings nicht nur, denn erster Parteiführer 1844 war der jüdische Politiker Lewis Charles Levin, bekennender Anti-Katholik. Einerseits befürchteten Anhänger der Partei, dass »moralisch und rassisch minderwertige deutsche und irisch-katholische Einwanderer« den Lebensunterhalt und die Freiheit der in den USA geborenen Protestanten bedrohten, andererseits dass die katholische Einwanderung Teil einer Verschwörung des Vatikans sei.

Neben Polen, Russen und Südeuropäern waren vor allem die irischen Katholiken die größten Sündenböcke. Man nannte sie *Negroes turned inside-out, white niggers* und *Irish monkeys* – in vielen Cartoons und Illustrationen wurden sie als Affen dargestellt. »*No Irish, no blacks, no dogs*« las man an Häusern, die Zimmer vermieteten, und Familien, die Haushaltshilfen suchten, wiesen auf »*No Irish need apply*« hin. Viele sprachen Irisch *(níor labhair siad ach Gaeilge)* und kein oder nur wenig Englisch. Zwischen 1820 und 1860 verließen 4,5 Millionen Iren ihr von Armut und Hungersnot geschütteltes Land Richtung Amerika, darunter auch die Vorfahren meines Mannes. Die Hoffnung auf Wohlstand erfüllte sich für die wenigsten. Das Land der unbegrenzten Möglichkeiten bot ihnen nur begrenzte Möglichkeiten. Vom Tellerwäscher zum Millionär schaffte es kaum einer der vielen Millionen europäischen Einwanderer. Im Englischen heißt diese Redewendung übrigens *from rags to riches* (von Lumpen zum Reichtum). Self-made-Millionäre wie Johann Jakob Astor blieben die Ausnahme unter den Immigranten.

Die »unbegrenzten Möglichkeiten«, die Ludwig Max Goldberger sah, gab es damals für Investoren, Unternehmer und alle, die das Geld hatten, etwas auf die Beine zu stellen, in Hülle und Fülle.

Die USA selbst nannten sich nie Land der unbegrenzten Möglichkeiten, sondern *Land of Opportunity*. Nach wie vor hat jeder die Möglichkeit, es ganz nach oben zu schaffen – entsprechende Bildung und eine Idee, die Investoren oder Kreditgeber aufhorchen lässt, vorausgesetzt. Prominente Beispiele sind die Harvard-Studenten Mark Zuckerberg und Bill Gates – der eine hatte mit 20 die Idee zu Facebook, der andere war drei Jahrzehnte vor ihm mit 21 Jahren Mitbegründer von Microsoft; Steve Jobs an der Westküste, der die Uni verließ und mit Anfang 20 Apple mitbegründete, und Amazon-Gründer Jeff Bezos, Absolvent der Princeton University. *Opportunities* gibt es vor allem im Silicon Valley, wo die Türen für Talente aus aller Welt offen stehen. Zu Silicon-Valley-Milliardären brachten es Pierre Omidyar, in Paris geborener Sohn iranischer Einwanderer, der die Idee zu Ebay hatte, der Ukrainer Jan Koum, Mitbegründer von WhatsApp, und der Russe Sergey Brin, der mit seinen Eltern aus Russland einwanderte und als Student Google mitbegründete. Die *opportunities* im Silicon Valley sind für IT-Nerds tatsächlich *noch* unbegrenzt – gute Ideen vorausgesetzt!

Harte Fakten

Um legal in die USA einzuwandern, brauchen Sie eine Greencard. Diese können Sie beantragen, wenn Sie einen Arbeitsvertrag von einem Unternehmen in den USA in der Tasche haben, einen Amerikaner oder eine Amerikanerin heiraten und dauerhaft in den USA leben möchten, wenn Sie in ein Unternehmen in den USA, das nach dem 29.11.1990 gegründet wurde, mindestens 1,8 Millionen Dollar investieren (in ländlichen Gegenden reichen 900.000 Dollar) oder wenn Sie in den Bereichen Kunst/Musik, Management, Sport oder Wissenschaft außerordentlich talentiert und deshalb von Nutzen für die USA sind.

Wenn Sie das alles nicht haben, wollen oder sind, bleibt Ihnen die Möglichkeit, an der Greencard-Lotterie teilzunehmen. Die US-Regierung verlost jährlich 55.000 Greencards. Die Teilnahme an der Verlosung ist kostenlos.

DIE AMERIKANER HABEN DEN KOMPLIZIERTESTEN NATIONALSPORT

»Wer den Geist und die Seele Amerikas verstehen will, der muss Baseball verstehen«, sagte der in Frankreich geborene amerikanische Historiker Jacques Barzun. »Baseball gehört zur DNA der Amerikaner«, sagt mein Mann Pat, Amerikaner aus Michigan und wandelndes Baseball-Lexikon. Ich könnte ihn nachts um 2.30 Uhr aufwecken, fragen, welcher *pitcher* (Werfer) am 18. Juli 1921 einen *home run* erzielte, und die Antwort käme wie aus einer Rakete geschossen: »Babe Ruth für die New York Yankees in Detroit.« Dazu würde ich erfahren, dass es Babes 36. *home run* der Saison war. Nicht, dass ich solche Fragen jemals stellen würde. Babe Ruth Großeltern kamen übrigens aus Deutschland.

Im Mittelpunkt des Spiels steht das Duell zwischen *pitcher* und *batter* (Schlagmann). Der *batter*, der dem gegnerischen Team angehört, steht zwischen *pitcher* und *catcher* und versucht mit einem Schläger den Wurf abzuwehren. Zum Team gehören außerdem vier *infielders* und drei *outfielders*. Steht das Spiel nach dem 9. *inning* (Spielabschnitt) unentschieden, wird so lange weitergespielt, bis ein Ergebnis erzielt wird. Das längste Spiel der Geschichte dauerte 26 *innings* und zog sich über zwei Tage hin. Baseball hat 94 offizielle Regeln, wovon einige über 20 Unterabschnitte haben.

Nachdem es Pat nicht gelungen war, mir den amerikanischen Nationalsport verständlich zu machen, fuhren wir vor ein paar Jahren nach Cooperstown im Staat New York, wo seit 1939 die National Baseball Hall of Fame steht. Jeder Amerikaner, der Baseball liebt, war schon einmal dort oder wird im Laufe seines Lebens garantiert einmal dorthin pilgern. Mit Cooperstown verbinden die Amerikaner Baseball. Für Literatur-Fans ist es der Ort, in dem *Lederstrumpf*-Autor James Fenimore Cooper geboren wurde.

Cooperstown ist eine Kleinstadt mit nicht einmal 2.000 Einwohnern. Warum die Baseball Hall of Fame gerade hier gebaut wurde? Na, weil irgendjemand fälschlicherweise annahm, der Baseball wäre 1838/39 von Abner Doubleday, einem General der Unionsarmee, auf einer Kuhweide außerhalb der Stadt erfunden worden. Mittlerweile weiß man, dass dem eben nicht so war. Sportarten, die dem Baseball ähnelten, wurden in den USA schon im Jahrhundert zuvor gespielt. Baseball, wie man ihn heute spielt, entstand mit der Gründung des Knickerbocker Baseball Clubs 1845 in New York, der im Jahr darauf sein erstes Spiel gegen ein Team von Cricket-Spielern absolvierte.

Tausende und Abertausende Fotos berühmter und weniger berühmter Baseball-Legenden zieren die Wände. Pat kennt sie alle und ist voller Ehrfurcht. Ich kenne dem Namen nach nur Babe Ruth, weil er in amerikanischen Filmen oft erwähnt wird, und Joe DiMaggio, aber auch nur, weil er mal mit Marilyn Monroe verheiratet war und Simon & Garfunkel im Song *Mrs. Robinson* trällerten: »*Where have you gone, Joe DiMaggio ...*«

In einem der Räume lief ein Film über Baseball. Ich verstand und verstehe die Regeln des Spiels noch immer nicht. Auf dem Bildschirm warf ein Spieler den Ball und rannte los. Aber warum rannte er? Dem Ball rannte er jedenfalls nicht nach.

»*Why is he running?*«, fragte ich immer wieder. Ich bekam es zum tausendsten Mal erklärt, und als ich endlich dachte zu verstehen, warum der Spieler rannte, rannten plötzlich alle los, und ich verlor den Überblick.

Deshalb beschloss Pat, das Baseballstadion zu besuchen, wo gerade trainiert wurde.

Dorthin wollte ich auf keinen Fall. Was, wenn mich ein Ball am Kopf traf? Ich zitierte eine Stelle aus John Irvings Roman *A Prayer for Owen Meany*, wo Owen die Mutter des Ich-Erzählers mit einem scharf gespielten Ball beim Baseball an die Schläfe trifft, woraufhin diese tot umfällt.

»*That happens once in a million!*«, sagte Pat und dirigierte mich in die erste Reihe der Tribüne.

Außer uns waren nur eine Handvoll Leute da. Erste Reihe! Ich war mir sicher, dass mich ein Baseball treffen würde. Wir saßen gerade mal zwei Minuten, als ein Ball geschlagen wurde und auf die Zuschauertribüne zuflog. Entsetzt schaute ich nach oben, um den Flugverlauf zu beobachten, damit ich mich rechtzeitig ducken konnte. Ich sah den Ball nicht, spürte aber wenige Sekunden später einen furchtbaren Schmerz am Schienbein und sah den Baseball zu meinen Füßen liegen.

»*Stupid game*«, schimpfte ich und verließ humpelnd das Stadion. Ich wollte dieses Spiel gar nicht mehr kapieren. Plötzlich war mir klar, warum in dem winzigen Cooperstown ein riesiges Trauma-Center steht – für Kopfverletzungen durch einen scharf geschossenen und sein Ziel verfehlten Baseball!

Gut zu wissen

Baseball wird auf einem quadratischen Innenfeld, dem *diamond* gespielt, in dessen Ecken sich je eine *base* befindet. Die Stelle, die den Ausgangspunkt für jeden Spielzug bildet und gleichzeitig die *end base* darstellt, wird *home plate* genannt. Links und rechts davon befindet sich jeweils die Zone, in welcher der *batter* steht, wenn er mit dem Schlagen des Balles an der Reihe ist. Die Spieldauer wird nicht nach Stunden, sondern nach *innings* (Spielabschnitten) bemessen. Die Spielzeit beträgt neun *innings*. Gewinner ist das Team, das innerhalb der neun *innings* die meisten *runs* erzielt. Ein Unentschieden gibt es nicht, weshalb sich ein Spiel über Stunden hinziehen kann und manchmal am nächsten Tag weitergespielt wird.

Zu Beginn jedes *innings* stehen auf dem Spielfeld ein *pitcher* (Werfer) der verteidigenden Mannschaft, ein *batter* des gegnerischen Teams, der den Ball mit dem Schläger treffen muss, und ein *catcher* (Ballfänger) sowie an den drei Bases jeweils verteidigende Spieler.

Der *pitcher* schleudert den Ball von einem *low mound* (Wurfmal) im Zentrum des Innenfelds zum *batter*, der versucht, den Ball mit seinem Baseballschläger zu treffen. Gelingt das, lässt er den Schläger fallen und rennt zur ersten *base* (und heißt nun *runner*). Bekommt allerdings das Team im Feld (die *fielders*) den Ball zuerst, ist der *runner* aus dem Spiel. Ist er aber schneller an der ersten *base*, so heißt es »*safe on first*«, und der nächste *batter* steht dem nächsten *pitcher* gegenüber.

Sofern es ein sehr guter Treffer des *batters* war oder die *fielders* den Ball nicht fangen können, versucht der *runner*, zur nächsten *base* oder sogar weiter zu gelangen. Schafft er es, nach seinem Schlag alle drei *bases* zu passieren und zur *home plate* zurückzukehren, spricht man von einem *home run*. Fangen allerdings die *fielders* den Ball, während der *runner* zur *base* oder *home plate* rennt, ist der *runner* raus und aus dem Spiel.

Wenn vom Angriffsteam drei Spieler *out* sind, wechseln beide Mannschaften.

ENGLISCH IST NICHT DIE OFFIZIELLE LANDESSPRACHE DER USA

»*This is a country where we speak English, not Spanish*«, verkündete Präsident Trump 2018 in einer Rede. Im selben Jahr echauffierte sich ein New Yorker Anwalt in einem Restaurant in Manhattan darüber, dass sich Bedienungen mit Gästen auf Spanisch unterhielten. Er attackierte sie verbal, schrie »*This is America*« und drohte mit einem Anruf bei der Einwanderungsbehörde. Eine Angestellte hielt die hitzige Szene mit ihrer iPhone-Kamera fest. Das Video machte innerhalb von zwei Tagen bei CNN Furore, die Kanzlei entließ ihren rüpelhaften Kollegen. Dass ein Anwalt aus einer Stadt, in der über 200 Sprachen gesprochen werden, sich so aufführt, ist unverständlich, aber dass der Präsident der USA keine Ahnung hat, dass es laut Verfassung keine offizielle Landessprache gibt, ist peinlich. De facto ist es Englisch, de jure keine. Laut einem Bericht des „*US Census Bureau*" aus dem Jahr 2017 werden im Land über 350 Sprachen gesprochen, wobei von den knapp 332 Millionen Einwohnern nur 75 Prozent Englisch sprechen. Mit über 41 Millionen Menschen aus lateinamerikanischen Ländern steht Spanisch an zweiter Stelle, gefolgt von Chinesisch, Tagalog und Vietnamesisch.

In der Tat war Spanisch die erste europäische Sprache im Land, denn die Spanier siedelten schon 1565 in St. Augustine im heutigen Florida, 42 Jahre bevor die ersten Engländer kamen. Als die Unabhängigkeitserklärung 1776 verfasst wurde, war keine offizielle Landessprache vorgesehen. Der Politiker und spätere Präsident John Adams schlug zwar 1780 im Kongress Englisch als offizielle Sprache der USA vor, dieser Vorschlag wurde jedoch als »undemokratisch und als Bedrohung der individuellen Freiheit« abgelehnt. Zu jener Zeit hatten die Kolonisten nicht nur verschiedene Muttersprachen, sondern sprachen im Allgemeinen auch mehrere Sprachen. Daher war die Auswahl einer der vielen gesprochenen Sprachen weder eine beliebte Idee noch besonders notwendig.

Die Anträge zahlreicher Politiker nach John Adams, Englisch per Verfassungszusatz zur offiziellen Landessprache zu deklarieren, hat der Kongress immer wieder abgeschmettert. Auch Präsident Theodore Roosevelt blieb ungehört, der 1907 sagte: »Wir haben in diesem Land nur Platz für eine Sprache, und das ist die englische Sprache.« Der republikanische Abgeordnete Washington J. McCormick legte 1923 sogar einen Gesetzentwurf vor, der Amerikanisch zur offiziellen Landessprache machen sollte, um die Sprache der USA von der in England gesprochenen zu differenzieren. Auch dieser Entwurf wurde vom Kongress abgelehnt.

Das Nein des Kongresses liegt vor allem daran, dass die USA seit jeher eine mehrsprachige Nation sind, obwohl dies viele Bundesstaaten nicht davon abgehalten hat, in den letzten Jahrzehnten des 20. Jahrhunderts Englisch zur Amtssprache zu erklären. Zu den 20 Staaten, die weiterhin auf eine Amtssprache verzichten, gehören New York, Louisiana, Michigan und Texas.

Offizielle Landessprache hin oder her, Titel VI des *Civil Rights Act* von 1964 schützt die Rechte einzelner Steuerzahler, die kein fließendes Englisch sprechen. Um Bundesmittel zu erhalten, müssen die Bundesstaaten sicherstellen, dass wichtige Dokumente in jeder Sprache verfügbar sind, die von Personen gesprochen werden, die von der Bundesregierung bezuschusste Leistungen erhalten.

Abgesehen von den Aktivisten der English-only-Bewegung und einer Handvoll Politiker sind sich die meisten Amerikaner nicht darüber im Klaren, dass Englisch nicht die offizielle Sprache ihres Landes ist.

Aber

In den USA gab es immer wieder English-only-Bewegungen. Eine der größten Organisationen, U.S. English, wurde 1983 vom republikanischen Politiker S. I. Hayakawa und dem Anti-Immigrations-Aktivisten John Tanton ins Leben gerufen mit dem Ziel, ein Gesetz durchzubringen, das Englisch als Amtssprache deklariert. Allerdings galt die Leidenschaft weniger dem Englischen als vielmehr der zunehmenden Bedeutung anderer Sprachen, erklärt James Crawford, einer der Gründer des Institute for Language and Education Policy in Portland, Oregon, in seinem Buch *Hold Your Tongue*.

In den 1980er Jahren nahmen nach Meinung der English-only-Bewegung die Rechte von Minderheitensprachen zu und schienen die etablierte Vormachtstellung des Englischen zu gefährden sowie staatlich finanzierte Programme den Erwerb von Englisch als Fremdsprache zu behindern: In vielen Staaten gab es zweisprachigen Unterricht, einen zweisprachigen Führerschein und zweisprachige amtliche Formulare.

Das verdeckte Ziel von U.S. English war und ist es, zweisprachige Bildungsprogramme abzuschaffen, da ihrer Meinung nach zu viele Bundes- und Staatsgelder für den Unterricht in einer Fremdsprache aufgewendet werden. Über 50 Gesetzesentwürfe für Englisch als offizielle Sprache hat die Organisation vorgelegt, die bisher jedoch alle vom Kongress abgeschmettert wurden. U.S. English versucht es weiterhin.

AMERIKA HATTE MAL EINEN KAISER

4

»Adel«

» *L e Roi est mort* – der König ist tot«, titelte der *San Francisco Chronicle* am 9. Januar 1880 und schrieb: »Auf dem stinkenden Pflaster, im Dunkel einer mondlosen Nacht, im tropfenden Regen und umgeben von einer rasch versammelten Menge staunender Fremder, verstarb Norton I., von Gottes Gnaden Kaiser der Vereinigten Staaten und Schutzherr von Mexiko.«

Joshua Norton war Amerikas selbst ernannter Kaiser. Norton wurde in England geboren, wuchs in Südafrika auf und wurde Geschäftsmann. 1849 kam er nach San Francisco, spekulierte erfolgreich mit Immobilien und Rohstoffen und wurde schnell zu einem der reichsten Männer der Stadt. Da China im Dezember 1852 aufgrund einer Hungersnot den

Export von Reis verbot und der Kilopreis von 9 auf 79 Cent stieg, witterte der clevere Geschäftemacher eine Chance, als er hörte, dass ein Schiff mit 91 Tonnen peruanischem Reis einlaufen würde. Er kaufte die gesamte Ladung für 25.000 Dollar in der Hoffnung, damit den Reismarkt unter seine Kontrolle zu bringen. Die Rechnung ging nicht auf. Kaum hatte er den Kaufvertrag unterschrieben, lief ein Schiff nach dem anderen mit der begehrten Ware aus Peru im Hafen von San Francisco ein, und der Preis sackte wieder ab.

Norton versuchte, den Vertrag für nichtig zu erklären, und behauptete, der Händler habe ihn hinsichtlich der zu erwartenden Reisqualität in die Irre geführt. Von 1853 bis 1856 waren er und die Reishändler in einen langwierigen Rechtsstreit verwickelt. Obwohl sich Norton vor den Vorinstanzen durchsetzte, erreichte der Fall den Obersten Gerichtshof von Kalifornien, der gegen Norton entschied. Später leitete die Lucas Turner & Company Bank die Zwangsversteigerung seiner Immobilienbestände in North Beach ein, um seine Schulden zu begleichen.

Ab 1858 lebte der einst wohlhabende Geschäftsmann in ärmlichen Verhältnissen in einer Pension der Arbeiterklasse. In seinem miesen grauen Kämmerlein haderte er mit der Unbill seines Lebens und beschloss ein Jahr später, sich neu zu orientieren. Als Kaiser. Am 17. September 1859 schrieb er Briefe an verschiedene Zeitungen der Stadt, in denen er sich zum *Emperor of These United States* ausrief:

»Die Forderung einer großen Mehrheit der Bürger dieser Vereinigten Staaten vorwegnehmend, ernenne ich, Joshua Norton aus Algoa Bay am Kap der Guten Hoffnung und nunmehr seit neun Jahren und zehn Monaten in San Francisco, Kalifornien, mich selbst zum Kaiser dieser Vereinigten Staaten. Kraft dieser mir dadurch zuteilgewordenen Autorität ordne ich an und befehle, dass sich die Repräsentanten der einzelnen Bundesstaaten der Union am 1. Februar nächsten Jahres in der hiesigen Music Hall versammeln, um dort Änderungen in den bestehenden Gesetzen der Union vorzunehmen, welche die Missstände, unter denen das Land leidet, abschaffen und dadurch das Vertrauen in unsere Stabilität und Integrität im In- und Ausland herstellen. NORTON I., Kaiser dieser Vereinigten Staaten.«

Der Chefredakteur des *San Francisco Daily Evening Bulletin* fand die »Deklaration« so witzig, dass er sie sofort veröffentlichte. Die 21 Jahre dauernde skurrile Herrschaft Nortons I., der später den Zusatz »Schutzherr von Mexiko« an seinen Titel anfügte, nahm ihren Anfang. Ernst nahm ihn und seine Erlasse keiner. Am 12. Oktober 1859 erklärte er den US-Kongress als überflüssig und löste ihn auf. Im August 1869 schaffte er die beiden großen Parteien des Landes, die Demokraten und Republikaner, per kaiserlichem Erlass ab, nachdem er zu dem Entschluss gelangt war, dass die Ursache für die Misere des Landes in den Schlammschlachten zwischen den Parteien lag. Drei Jahre später störte er sich an der Bezeichnung Frisco für San Francisco und verfügte, dass jeder, der nach ausdrücklicher Warnung den fürchterlichen Begriff Frisco, der keine sprachliche oder sonstige Berechtigung habe, in den Mund nimmt und dabei ertappt wird, des groben Fehlverhaltens für schuldig befunden wird und als Strafe eine Summe von 25 Dollar an das Kaiserliche Schatzamt zu entrichten hat.

Man ließ Norton im Land der Freien unbehelligt gewähren – schließlich tat der verrückte Südafrikaner mit seinen Erlassen keiner Fliege etwas zuleide. Um seiner Position als Kaiser die notwendige Gestalt zu verleihen, trug er eine blaue Armeeuniform mit glänzenden Messingknöpfen und vergoldeten Schulterstücken und auf dem Kopf einen Kastorhut mit

Straußenfeder und Rosette. In dieser Aufmachung stolzierte er mit Stock oder Schirm durch die Straßen San Franciscos und übte sein Amt aus. Er inspizierte das Erscheinungsbild der Polizei, den Zustand der Gehwege und Cable Cars, überprüfte den Fortgang von Reparaturen an öffentlichem Eigentum und gab sich gerne langen philosophischen Reden hin – sofern er Zuhörer fand. Seine »Untertanen« belächelten ihn zwar, trotzdem liebten und respektierten sie »ihren Kaiser«. Bei Senatssitzungen des Staates Kalifornien, an denen er als Monarch natürlich teilnahm, wurde eigens für ihn ein Sitzplatz freigehalten. In den besten Restaurants der Stadt wurde er unentgeltlich bedient, und im Theater wurde ihm ein Logenplatz reserviert. Theater und Restaurants wiesen sich auf Messingtafeln am Eingang ihrer Etablissements als »Dienstleiter Seiner Kaiserlichen Majestät, Kaiser Norton I. der Vereinigten Staaten« aus. Die Stadt war stolz darauf, kaiserliche Hauptstadt zu sein, und zollte ihrem Monarchen Respekt. Als Norton am 8. Januar 1880 auf dem Weg zu einem Vortrag an der Akademie der Wissenschaften mit einem Schlaganfall zusammenbrach und starb, wurde er eines Kaisers würdig beerdigt. Die Flaggen San Franciscos hingen auf Halbmast, und über 30.000 Menschen begleiteten ihn auf seinem letzten Weg zum Masonic Cemetery. Die Kosten für die Beerdigung des mittellosen Monarchen übernahm die Stadt. *»Norton I – Emperor of the United States and Protector of Mexico – Joshua A. Norton – 1819–1880«* steht auf seinem Grabstein.

Seine Gebeine wurden 1934 auf den Woodland Cemetery in Colma in der San Francisco Bay Area umgebettet. Die Stadt hat ihren Kaiser nicht vergessen. Der 100. Todestag Nortons I. sowie sein 200. Geburtstag wurden gebührlich gefeiert, und der Imperial Council of San Francisco veranstaltet jährlich eine Pilgerfahrt zu seinem Grab nach Colma. Mark Twain setzte Joshua Norton mit der Figur des Königs in *Huckleberry Finn* ein literarisches Denkmal.

Aber

Norton I. war nicht der einzige Monarch in den USA. Es gab auch einen in Michigan. Der Mormone James Jesse Strang zog mit einer Schar Anhänger 1848 auf die im Michigansee gelegene Insel Beaver Island und ließ sich dort zwei Jahre später mit einer Zinnkrone zu King James krönen. Die eigentlichen Bewohner, Fischer irischer Herkunft, waren alles andere als erfreut über die Eindringlinge, die sich ihre Insel unter den Nagel rissen. Lange schauten die katholischen Iren dem Gebaren der polygamen Mormonen nicht zu. Im Juni 1856 brachten sie den selbst ernannten König um und vertrieben seine Anhänger gewaltsam von der Insel. Mit dem Mord kamen sie ungestraft davon.

IN DEN USA SIND POLITIK UND RELIGION MITEINANDER VERQUICKT

》》 *In God we trust*« lautet das nationale Motto der Vereinigten Staaten, das auf allen Dollarscheinen aufgedruckt ist. »Der Dollar ist der wahre Gott Amerikas – damit hat man sich die Welt untertan gemacht«, spötteln Kritiker, während Atheisten fordern, dass künftig Banknoten ohne diesen Satz gedruckt werden. In ihren Ursprüngen wurde die nationale Identität der USA von Strömungen des Protestantismus bestimmt, denn die ersten Einwanderungswellen im 16. und 17. Jahrhundert kamen aus dem anglikanischen England und den protestantisch geprägten Ländern Finnland, Norwegen, Schweden und Niederlande. Dank der Religionsfreiheit gedieh der Protestantismus in vielfältiger Ausprägung. Heute gehören zu den verschiedenen Zweigen der protestantischen

Glaubensrichtung die liberalen Protestanten mit den Episkopalen, Presbyterianern, Unitarian Universalists und den Anhängern der United Church of Christ, die moderaten Protestanten mit den American Baptists, den Disciples of Christ, Evangelical Lutherans, Mennonites, United Methodists und die Reformed Church in America sowie zahlreiche andere Gruppierungen.

Knapp die Hälfte der Amerikaner gehört einer protestantischen Glaubensrichtung an. Die Katholiken befanden sich bis um 1845 mit nur 5 Prozent in der Minderheit. Das änderte sich, als die Kartoffelseuche über Irland hinwegfegte und Millionen irische Katholiken in die USA flohen und im späten 18. und frühen 19. Jahrhundert über vier Millionen Italiener einwanderten. Ganz zu schweigen von dem enormen Zustrom lateinamerikanischer Einwanderer im 20. und 21. Jahrhundert. Die Anzahl der Katholiken liegt heute bei circa 22 Prozent, doch politisch ist das Land wie zur Gründerzeit protestantisch geprägt. In der Geschichte der USA ist Joseph Biden nach John F. Kennedy erst der zweite katholische Präsident der USA. Beide waren bzw. sind Nachkommen irischer Einwanderer. Die meisten Präsidenten seit George Washington gehörten der Episkopalen und der Presbyterianischen Kirche an.

Auch wenn laut Verfassung Staat und Religion getrennt sind, schwören viele Präsidenten bei der Amtseinführung auf die Bibel, und bei Ansprachen beendet der jeweils amtierende Präsident seine Reden an die Nation stets mit »*God bless America*«. Hatte doch bereits James Madison, einer der Gründerväter der USA, 1788 die Verfassungsdiskussion als einen politischen Prozess bezeichnet, der die »göttliche Verheißung« erfüllte.

»Unsere Nation ist von Gott auserwählt und von der Geschichte beauftragt, ein Modell für die ganze Welt zu sein«, erinnerte George W. Bush seine Landsleute während seiner Wahlkampagne im Jahr 2000. Während George W.s Amtszeit war Gott sein höchstpersönlicher Berater, der ihm in stiller Stunde seine »Befehle« zuflüsterte. »*God told me to invade Iraq*«, ließ George W., der strenggläubige Methodist und »wiedergeborene Christ«, die Welt wissen. Laut bestätigten Quellen (so die britische Zeitung *Guardian*) sagte er: »Ich bin von einer göttlichen Mission getrieben. Gott sagte: ›George, geh hinaus und bekämpfe die Terroristen in Afghanistan‹, und ich tat es. Dann sagte Gott: ›George, geh und beende die Tyrannei im Irak‹, und ich tat es.« Taktik? Sicher, denn seine Wiederwahl 2004 wäre ohne die Unterstützung der christlichen Fundamentalisten nicht möglich gewesen.

Der Baptistenprediger Robert Jeffress, dessen Predigten landesweit in über 1.200 Fernsehsendern übertragen werden, war 2016 gar der Meinung, Trump sei »ein Geschenk Gottes, der das Land heilen wolle«, und der Presbyterianer Trump selbst verkündete im August 2019 vor der Presse: »*I am the chosen one* – Ich bin der Auserwählte.« Konservative Christen, allen voran die Evangelikalen, sind bis heute seine wichtigste Stütze. Im Wahlkampf 2016 hatte Trump einen eigenen evangelikalen Beraterstab.

Laut Umfragen ist ein Großteil der Amerikaner der Meinung, der Präsident der Vereinigten Staaten müsse starke religiöse Überzeugungen haben, um glaubhaft zu sein. Zwar heißt es in der Verfassung der USA, dass »niemals der Nachweis einer Religionszugehörigkeit als eine Voraussetzung für ein Amt oder eine öffentliche Vertrauensstellung unter der Hoheit der Vereinigten Staaten verlangt werden« darf, dennoch musste Barack Obama nachweisen, dass er christlich getauft war. Ein Atheist oder Nicht-Christ Präsident der USA? So unbegrenzt sind die Möglichkeiten nun auch wieder nicht!

Harte Fakten

Das Meinungsforschungsinstitut Pew Research Center in Washington fand heraus, dass die Häufigkeit der Teilnahme an Gottesdiensten ein starker Indikator dafür ist, wie die Amerikaner bei Wahlen abstimmen. Bei den Kongresswahlen 2014 zeigten die Umfragen, dass diejenigen, die mindestens einmal wöchentlich einen Gottesdienst besucht hatten, mehrheitlich für die Republikaner stimmten, während diejenigen, die nie an Gottesdiensten teilgenommen hatten, ihre Stimme eher den Demokraten gaben.

IN DEN USA KÖNNEN KINDER BÜRGERMEISTER WERDEN

Ein Ort, der nicht einmal 25 Einwohner zählt, schafft es selten in die internationalen Schlagzeilen. Da muss schon etwas ganz Außergewöhnliches passieren. Wie im kleinen Örtchen Dorset in Minnesota, wo der dreijährige Robert »Bobby« Tufts im August 2012 zum Bürgermeister gewählt wurde. Die Position Mayor of Dorset wird jährlich auf dem Taste of Dorset Festival per Losverfahren vergeben. Zuvor können die Einwohner für einen Dollar den Namen ihrer Favoriten auf einen Zettel schreiben und diese in dafür aufgestellte Wahlurnen stecken. Damit für wohltätige Zwecke ordentlich Geld zusammenkommt, darf jeder beliebig viele »Stimmzettel« für seinen Kandidaten abgeben. Ein Mindestalter für den künftigen Bürgermeister ist dabei nicht vorgeschrieben. So kam es, dass der neue Amtsträger erst drei Jahre alt war, die nationalen Medien daraufhin in Dorset Einzug hielten und Klein-Bobby Schlagzeilen verschafften. Als er im Jahr darauf verkündete, dass er gerne wiedergewählt werden wolle, waren Fernseh- und Radioreporter bei der »Amtsverlosung« bereits vor Ort. Die Spannung war groß, als ein Dorseter in den Stimmzettelbehälter griff und wenige Sekunden später die erneute Amtszeit von Bürgermeister Tufts verkündete. Auf die Frage, was das Beste daran sei, Bürgermeister zu sein, antwortete der Dreikäsehoch: »Angeln gehen.«

Da Dorset aufgrund seiner geringen Einwohnerzahl über keinen Stadtrat verfügt und Bobbys Amt sowieso nur ein symbolisches war, bestand seine Aufgabe als Bürgermeister hauptsächlich darin, Besucher in dem winzigen Ort zu begrüßen. Und es kamen einige in das Örtchen, das eingebettet zwischen Kiefern und Seen 240 Kilometer nordwestlich der Metropole Minneapolis liegt. Nicht nur weil es hier viele Ferienresorts gibt, sondern auch weil sie ein Selfie mit Amerikas jüngstem Bürgermeister haben wollten.

»The Restaurant Capital of the World« nennt sich Dorset, das über vier Restaurants verfügt. In Relation zur Bevölkerungszahl ist das eine ganze Menge. Ernährung war daher ein wichtiger Punkt in Bobbys zweiter Amtszeit. Seinen Plan, Eis zur Spitze der Ernährungspyramide zu machen, konnte er jedoch nicht umsetzen. Dafür gelang es ihm, einen Batzen Geld für die Heilsarmee und die McDonald's Kinderhilfe zu sammeln.

Trotz eifriger Wahlkampagne verlor Bobby 2013 sein Amt bzw. die »Verlosung« an den sechzehnjährigen Eric Mueller, über den nicht sehr viel berichtet wurde. Klar, ein Teenager im Amt ist keine Schlagzeile wert. Ein Jahr später war Dorset jedoch wieder in den landesweiten Medien, denn Bobbys kleiner Bruder James trat die Nachfolge zum Bürgermeister an. Die Familie der beiden witzelte, dass Bobby und James sich doch schon ein ganz schönes politisches Portfolio aufgebaut hätten, um sich auf eine Präsidentschaftswahl im Jahr 2048 vorzubereiten. James' Nachfolgerin 2016 war die vierjährige Gwendolyn Davis. Wer ihr im Amt folgte, ist nicht bekannt. Nach 2016 verschwand Dorset aus den Schlagzeilen.

Bereits drei Jahrzehnte vor den Tufts-Brüdern wurde schon einmal ein Kind zum Bürgermeister gewählt. Der elfjährige Brian Zimmermann aus dem 200-Seelen-Ort Crabb in Texas schaffte es in einem Erdrutschsieg ins Amt und schaffte sogar die Wiederwahl. Seine Geschichte wurde unter dem Titel *The Lone Star Kid* 1986 verfilmt. Die frühe politische Tätigkeit forderte ihren Tribut: Brian starb mit erst 24 Jahren in Houston an einem Herzinfarkt.

Harte Fakten

Dreijährige Bürgermeister wie in Dorset sind in den USA die Ausnahme. Fakt ist jedoch, dass es im Land sehr viele junge Bürgermeister gibt. So wurde 2014 in Archer City, Texas, der 18-jährige Kelvin Green ins Amt gewählt und wiedergewählt. Da es bei den Wahlen im Mai 2020 keine Kandidaten gab, die gegen Green antraten, wurde er erneut im Amt bestätigt. In Tivoli im Staat New York schaffte es 1995 der damals 19-jährige Marcus Molinaro auf den Bürgermeisterstuhl und wurde bis Mai 2007 mehrmals wiedergewählt. In Hillsdale, Michigan, warf sich zwei Tage nach seinem 18. Geburtstag Michael Sessions in den Wahlkampf ums Bürgermeisteramt und schlug mit zwei Stimmen Vorsprung den über 30 Jahre älteren Amtsinhaber. Regieren konnte er erst ab 15 Uhr – in seinem letzten Jahr an der Highschool stand Büffeln im Vordergrund.

Dem Gesetz nach darf sich in den USA jeder ab 18 Jahren für das Amt des Bürgermeisters zur Wahl aufstellen lassen. In gemeindefreien Orten mit wenigen Einwohnern dürfen die Kandidaten auch jünger sein.

BEIM AMERIKANISCHEN WAHLSYSTEM BLICKT KEINER DURCH

Der Wahlverlierer wird Präsident – im Land der unbegrenzten Möglichkeiten ist das möglich und schon ein paarmal passiert. Zuletzt bei den Wahlen 2016. Da lag Hillary Clinton mit über 2,8 Millionen Wählerstimmen vor Trump, verlor die Wahl aber, weil sie nur 232 der 270 erforderlichen Wahlmänner hinter sich bringen konnte. Trump schaffte es auf 306. Im Jahr 2000 führte der Demokrat Al Gore in Wählerstimmen vor George W. Bush, aber mit 266 Wahlmännern fehlten vier zum Präsidentenamt. Trump selbst nannte das Wahlmännergremium *(Electoral College)* 2012 ein »Desaster für die Demokratie«, und er hatte ausnahmsweise mal recht, denn das Volk bekommt letztendlich nicht den Präsidenten, den es mehrheitlich gewählt hat.

Als sich die amerikanischen Gründerväter George Washington, Alexander Hamilton, Benjamin Franklin und Co 1778 in Philadelphia zum Verfassungskonvent trafen, debattierten sie monatelang über die Frage der Präsidentenwahl. Die eine Hälfte war dafür, dass der Kongress (die Legislative) den Präsidenten wählen sollte, die andere Hälfte beharrte auf einer demokratischen Wahl durch das Volk. Das eine Lager war der festen Überzeugung, dass eine Wahl des Präsidenten durch den Kongress zu viele Gelegenheiten für Korruption zwischen Exekutive und Legislative bieten würde, das andere Lager war absolut dagegen, dass das Volk den Präsidenten durch eine reine Volksabstimmung wählt. Sie waren erstens der Ansicht, dass es den Wählern im 18. Jahrhundert an Ressourcen mangelte, um sich umfassend über die Kandidaten zu informieren, insbesondere in ländlichen Gegenden, zweitens fürchteten sie einen eigenwilligen »demokratischen Mob«, der das Land in die Irre führen würde, und drittens vertraten sie die Meinung, dass ein populistischer Präsident, der sich direkt ans Volk wendet, gefährlich werden könnte.

Als Kompromiss einigten sie sich auf ein Gremium aus Wahlmännern. Der Kandidat, der die meisten Wahlmänner für sich gewinnen konnte, sollte Präsident werden. Daran hat sich bis heute nichts geändert. Nach Meinung von amerikanischen Politikwissenschaftlern fanden die Gründerväter diese Idee selbst nicht genial, waren aber nach monatelangen Diskussionen müde, frustriert und ungeduldig, die Verfassung endlich auf die Beine zu stellen. Die Wahlmänner sollten weder vom Kongress noch vom Volk gewählt werden. Stattdessen sollte jeder Staat unabhängige Wahlmänner ernennen, die die eigentlichen Stimmzettel für die Präsidentschaft abgeben würden. Genau zu bestimmen, wie viele Wahlmänner jedem Staat zugewiesen werden sollten, war jedoch ein weiterer Streitpunkt.

Hier bestand die Kluft zwischen Staaten mit Sklaverei und Staaten ohne Sklaverei. Sollten sie die Sklaven in die Zählung der Bevölkerung eines Staates einbeziehen oder nicht? Im Jahr 1787 waren rund 40 Prozent der Menschen in den südlichen Bundesstaaten schwarze Sklaven. James Madison aus Virginia, wo 60 Prozent der Bevölkerung Sklaven waren, wusste, dass entweder eine direkte Präsidentschaftswahl oder eine Wahl, bei der die Wähler nur nach freien weißen Einwohnern aufgeteilt waren, im Süden nicht funktionieren würde. Der Grund: Die Südstaaten bestanden darauf, dass die Sklaven mitgezählt wurden, denn das bedeutete eine höhere Bevölkerungszahl, ergo mehr Wahlmänner. Das sahen die sklavenfreien Staaten anders, denen auf diese Weise weniger Wahlmänner zustehen würden. Das Ergebnis war der umstrittene »Drei-Fünftel-Kompromiss«, bei dem Sklaven als drei Fünftel einer Person gezählt wurden, um Vertreter und Wähler zuzuweisen und die Bundessteuern zu berechnen. Der Kompromiss garantierte den Südstaaten mehr Sitze im Kongress und mehr Wahlstimmen, auch wenn die Sklaven nicht wahlberechtigt waren.

Parteien gab es damals noch keine. Die Gründerväter gingen davon aus, dass die Wähler nach eigenem Ermessen wählen würden und nicht nach dem Diktat eines Staates oder einer nationalen Partei. Die Verfassung sagte zudem nichts darüber aus, wie die Staaten ihre Wahlstimmen vergeben sollen. Die Annahme war, dass die Stimmen jedes Wählers gezählt würden. Im Laufe der Zeit haben jedoch alle bis auf zwei Bundesstaaten (Maine und Nebraska) Gesetze verabschiedet, die dem Kandidaten, der die Stimmenzahl des Bundesstaates gewinnt, alle Wahlmännerstimmen geben.

Schwarze waren in den USA bis zur Abschaffung der Sklaverei 1865 vom Wahlrecht ausgeschlossen. 1866 verabschiedete der Kongress mit dem 14. Zusatzartikel das Bürgerrechtsgesetz, das Afroamerikanern Bürgerrechte verlieh. Das Gesetz trat 1868 in Kraft. Die ehemaligen Sklaven durften nun zwar wählen, wurden aber vor allem in den Südstaaten in den Wahllokalen systematisch abgewiesen. 1870 wurde schließlich mit dem 15. Zusatzartikel Afroamerikanern und ehemaligen Sklaven der Gang zur Wahlurne gesetzlich gewährt, was in den Südstaaten aber weiterhin nicht anerkannt wurde. Erst seit August 1965, als Präsident Lyndon B. Johnson den Voting Rights Act unterzeichnete, gilt das Wahlrecht für alle, unabhängig von ihrer Hautfarbe. Trotzdem hinderte dieses Gesetz den Ku-Klux-Klan nicht daran, afroamerikanische Wähler durch Einschüchterung an der Ausübung ihres Wahlrechts zu hindern.

Bis heute entscheidet der Kandidat oder die Kandidatin die Wahl für sich, der/die die meisten Wahlmänner *(electors)* für sich gewinnen kann. Die Zahl der *electors* variiert in den Bundesstaaten je nach Bevölkerungszahl. So verfügt der Staat Kalifornien, der traditionell an die Demokraten geht, über 55 Wahlmänner, Texas, der in der Regel an die Republikaner geht, über 38, und bevölkerungsarme Staaten wie Alaska oder Montana nur über drei. Jeder Staat hat so viele Wahlmänner, wie er Vertreter in beiden Häusern des Kongresses zusammen hat. Insgesamt besteht das *Electoral College* zurzeit aus 538 Wahlmännern.

Harte Fakten

Laut einer Gallup-Umfrage im September 2020 wünschen sich 61 Prozent der Amerikaner die Abschaffung der Wahlmänner.

Warum gibt es das Wahlmännergremium trotz seiner umstrittenen Ursprünge noch? Die an der Macht befindliche Partei profitiert in der Regel von der Existenz des Gremiums, sagen amerikanische Politikwissenschaftler, und die Minderheitspartei habe nur geringe Chancen, das System zu ändern, da eine Verfassungsänderung eine Zweidrittelmehrheit im Kongress sowie die Ratifizierung durch drei Viertel der Staaten erfordert.

IN EINIGEN US-STAATEN DÜRFEN ATHEISTEN KEIN ÖFFENTLICHES AMT ÜBERNEHMEN

In der Unabhängigkeitserklärung hielten die Gründerväter fest, dass jeder Mensch die unveräußerlichen Rechte
auf Leben, Freiheit und das Streben nach Glück hat. Wenn
es nun aber jemandes ganzes Glück ist, ein öffentliches Amt
anzustreben, der- oder diejenige nicht an eine höhere Macht
glaubt, bleibt ihm oder ihr das Streben nach Glück verwehrt.

Es gibt tatsächlich acht Bundesstaaten, deren Verfassungen Beschränkungen für Menschen beinhalten, die nicht
an ein übergeordnetes Wesen glauben. In Arkansas bedeutet die Ablehnung der Existenz Gottes beispielsweise, dass
sie keine Behörde leiten oder vor Gericht aussagen können,
während es in Tennessee auch Richtlinien zum Glauben an
das Jenseits gibt.

Artikel 37 sowie Artikel 1 der Verfassungen von Maryland besagen, dass für die Qualifikation für ein Amt kein religiöser Test erforderlich ist, außer einer Glaubenserklärung an die Existenz Gottes. Artikel 14, Abs. 14 in Mississippi, Artikel VI, Abs. 8 in North Carolina und Artikel XVII, Abs. 4 legen fest, dass keiner, der die Existenz eines höheren Wesens verneint, je ein Amt in diesen Staaten ausführen darf. Artikel 1, Abs. 4 in Pennsylvania formuliert es etwas anders: »Niemand, der das Sein eines Gottes sowie Himmel und Hölle anerkennt, darf aufgrund seines religiösen Glaubens disqualifiziert werden, ein öffentliches Amt zu bekleiden.« In Pennsylvania dürfen Gläubige zwar aufgrund ihrer religiösen Gefühle nicht vom Amt ausgeschlossen werden, dies gilt jedoch nicht für Atheisten. In Tennessee legt Artikel IX fest, dass keiner, der Gott, den Himmel oder die Hölle verneint, öffentliche Ämter ausüben darf.

Ebenso wenig dürfen Geistliche Zivilämter ausüben, da sie nicht von den großen Aufgaben ihrer eigentlichen Arbeit abgelenkt werden sollen. Daher hat »kein Prediger des Evangeliums oder Priester irgendeiner Konfession Anspruch auf einen Sitz in einem der beiden Häuser der Legislatur«, so will es Artikel IX, Abs. 1 der Verfassung von Tennessee.

Offiziell besteht in den anderen 42 Staaten zwar Chancengleichheit, was Glaube und Nichtglaube anbelangt. An den 600 christlich geprägten Colleges und Universitäten haben Bewerbungen auf Stellenausschreibungen im Lehrbereich jedoch keine Chance, sofern sie angeben, dass sie nicht gläubig sind. Ob das jemand, der auf die Stelle erpicht ist, tatsächlich mitteilt?

Auch bei Wahlen werden Kandidaten, die offen atheistisch sind, diskriminiert. Der Glaube, dass Atheisten weder moralisch noch vertrauenswürdig sind, trägt dazu bei, dass die

Wähler sich weigern, für sie zu stimmen. Eine Pew-Umfrage aus dem Jahr 2014 ergab, dass 53 Prozent der Amerikaner glauben, dass es notwendig ist, an Gott zu glauben, um moralisch zu sein, und eine Gallup-Umfrage aus dem Jahr 2020 zeigte, dass 40 Prozent der Wähler keinen Kandidaten wählen würden, der Atheist ist.

Harte Fakten

Das Motto der USA, das auf jedem Dollarschein prangt, lautet: »*In God We Trust.*« Das Gesetz, diesen Satz zum offiziellen Motto zu machen, wurde am 30. Juli 1956 von Präsident Eisenhower verabschiedet. Im Jahr 2017 reichte ein Arzt aus Kalifornien Klage gegen das Motto ein. Er argumentierte, dass es eine erhebliche Belastung für Atheisten darstelle, eine religiöse Botschaft bei sich zu tragen, die im Widerspruch zu dem stehe, an was sie glauben.

DER RUSSE STEHT VOR DEN TOREN DER USA

»Sie sind die Nachbarn direkt vor unserer Haustür, von Land hier in Alaska kann man Russland wirklich sehen«, antwortete die ehemalige Gouverneurin von Alaska und republikanische Kandidatin für das Vizepräsidentenamt 2008 auf die Frage, welche Vorkenntnisse sie im Umgang mit Russland habe, und sorgte damit weltweit für Lacher.

Fakt ist, dass sich in der Beringstraße die beiden Diomedes-Inseln befinden. Die größere, die Ratmanow-Insel, ist Russlands östlichster Militärstützpunkt, während die kleinere, von Eskimos bewohnte Krusenstern-Insel Teil Alaska ist. Die Entfernung zwischen den Inseln beträgt vier Kilometer. Ja, man kann, so gesehen, von einem Land ins andere blicken, muss dazu aber erst mit dem Schiff 40 Kilometer ins Zentrum der Beringstraße fahren. Da zwischen den Inseln die Datumsgrenze und die russisch-amerikanische Demarkationslinie verlaufen, liegen Ratmanow und Krusenstern 21 Zeitstunden auseinander, was ihnen den Spitznamen »Insel von morgen« und »Insel von gestern« bescherte. Während des Kalten Krieges nannte man den Korridor zwischen beiden Inseln *Ice Curtain*«.

Historisch gesehen sind die Verbindungen zwischen den USA und Russland nirgendwo enger als im nördlichsten und zugleich westlichsten Bundesstaat des Landes, der einst Russlands Vorposten in Amerika war. Die russische Kolonialisierung Alaskas begann 1783 und machte die größte Exklave der Welt wenig später zum Hotspot für Pelztierjäger. 1799 entstand mit dem Zusammenschluss mehrerer Pelzjägergesellschaften die Monopolgesellschaft Russisch-Amerikanische Kompagnie. Nachdem das Objekt der Begierde, der Seeotter, um 1850 fast ausgerottet war, die Profite aus dem Pelzhandel schwanden und die Reise von Sankt Petersburg in die ferne Kolonie mehr als ein halbes Jahr dauerte, verloren die Russen das Interesse. Da sie zudem 1856 aus dem Krimkrieg als Verlierer hervorgegangen waren und nun dringend Geld brauchten, bot Zar Alexander II. Alaska 1859 zum Verkauf an. Die Amerikaner liebäugelten zwar mit dem Kauf, der Beginn des Bürgerkrieges 1861 vereitelte solche Pläne aber erst einmal. Als der Krieg nach vier Jahren endete und die Russen noch immer Geld brauchten, fanden erneute Gespräche statt. Fünf Millionen Dollar wollte der Zar mindestens, am Ende bekam er 2,2 Millionen mehr. Alaska ging im Oktober 1867 offiziell in den Besitz der Vereinigten Staaten und als billigster Landkauf in die Geschichte ein.

Die Amerikaner wussten nicht viel mit ihren neu erworbenen 1,7 Millionen Quadratkilometern anzufangen und mach ten Alaska erst 1959 zum 49. Bundesstaat der USA. Fast zehn Jahre später zeigte sich, dass sich der Kauf der ehemaligen russischen Kolonie doch gelohnt hatte: 1968 entdeckte man riesige Ölfelder in der Prudhoe Bay, die Alaska und seinen Bewohnern Reichtum bescheren. Hätten die Russen vor dem Verkauf in die Zukunft blicken können, hätten sie ihre Kolonie nicht zum Schleuderpreis verkauft!

Aber

1950 fürchteten die USA tatsächlich eine russische Invasion in Alaska. FBI-Direktor und Kommunistenjäger J. Edgar Hoover und die Air Force OSI (Office of Special Investigations) warben Zivilisten als Agenten an, die in Washington, D. C., in Fallschirmspringen und Nachrichtenver- und -entschlüsselung ausgebildet wurden. Das OSI errichtete in Alaska Geheimverstecke mit allem Drum und Dran, inklusive Verschlüsselungstechnik. Dort stationiert, sollten die Agenten Ausschau nach einmarschierenden Russen halten. Washtub hieß das geheime Projekt. Als die Agenten mit ihrer mehrmonatigen Ausbildung fertig und die Verstecke bezugsbereit waren, bekam Hoover kalte Füße und überließ die Sache dem OSI. Zu groß war seine Angst, dass bei einer erfolgreichen Invasion der Russen seine Behörde des Versagens beschuldigt würde. Die Operation Washtub war bis 1959 aktiv.

SUPER BOWL – DIE AMERIKANISCHE NATION STEHT STILL

Am Abend des ersten Sonntags im Februar sitzen über 100 Millionen Amerikaner am Fernseher und warten auf den Anpfiff zum jährlichen Finale, dem »Super Bowl« der amerikanischen National Football League (NFL). Je nach Zeitzone hauen sich im Ausland lebende Landsleute die Nacht um die Ohren, um das größte Einzelsportereignis der Welt nicht zu verpassen. Mir bleibt das nächtliche Fernsehgetöse erspart, denn mein in dieser Hinsicht doch sehr unamerikanischer Gatte ist kein Football-Fan – es sei denn, wenn die Michigan Wolverines spielen, das Football-Team der University of Michigan, seiner Alma Mater, aber auch nur dann springt er mitten in der Nacht aus dem Bett, um sich die Spielergebnisse im Internet anzuschauen.

Die Tickets für das Superereignis des Jahres kosten im Durchschnitt 4.000 bis 5.000 Dollar, 2020 lag der Durchschnittspreis sogar bei 10.000 Dollar. Wer sich das leisten kann? Wenige, aber wer im Stadion sitzt, hat für die Tickets meistens ohnehin nichts bezahlt, denn der Super Bowl ist die einzige Sportmeisterschaft, auf deren Tickets die allgemeine Öffentlichkeit keinen Zugriff hat. Etwa 35 Prozent der Karten gehen an die teilnehmenden Teams, 5 Prozent an das Gastgeberteam und 30 Prozent an die restlichen Teams der NFL. So sind schon mal 70 Prozent der Tickets weg. Die restlichen 30 Prozent gehen an Sponsoren und Unternehmen. An wen die Teams ihre Tickets verteilen, bleibt ihnen überlassen. Einige werden an Familie, Freunde und Bekannte verschenkt, andere an Inhaber von Dauerkarten oder an Reseller verkauft, die sie dann zu astronomischen Höhen im Internet zum Kauf anbieten. Der Kampf um die wenigen Tickets ist groß. Denn jeder Fan, der es sich leisten kann, möchte einmal im Leben dabei gewesen sein.

Der Super Bowl ist dank des spektakulären Drumherums weit mehr als nur ein Sportevent. Während der Halbzeitpause treten Stars wie Beyoncé, Justin Timberlake, Christina Aguilera, Jennifer Lopez oder Shakira auf, wobei die Künstler dem Ereignis ebenso entgegenfiebern wie die Fans, da ihre Plattenverkäufe nach dem Super Bowl traditionell um über 200 Prozent steigen. Selbst die 30 Sekunden langen Werbespots werden mit Spannung erwartet, denn die bunten und kreativen Spots haben bei den Fans Kultstatus. Für 30 Sekunden Werbung blätterten Firmen 2020 5,5 Millionen Dollar hin. Pro Spot. Für die Unternehmen lohnt sich die Ausgabe, da keine andere TV-Sendung weltweit mehr Zuschauer hat – um die 800 Millionen sollen es sein.

Zu Hause vor dem Fernseher wird das Mega-Event in den USA mit Freunden und Familie zum »großen Fressen«. Beim

Zuschauen werden landesweit über eine Milliarde Chicken Wings, fünf Millionen Kilo Kartoffelchips und Unmengen an Pizza verschlungen, die mit 1,2 Millionen Litern Bier hinuntergespült werden. Für die Food-Industrie ist der Super Sunday nach Thanksgiving der zweitwichtigste Tag im Jahr.

Harte Fakten

American Football hat sich in den 1870er Jahren an amerikanischen Universitäten aus einem Mix aus Rugby und Fußball entwickelt. Die Spielzeit beträgt vier *quarter* (4 × 15 Minuten). Da nur die reine Spielzeit zählt, gibt es keine Nachspielzeit. Warum das Spiel Football heißt, obwohl der Ball größtenteils geworfen wird? Zur Herkunft des Wortes gibt es zwei Erklärungen. Eine Hypothese besagt, dass sich der Begriff auf die Länge des ovalen Balles bezieht (englisch: *one foot*), die andere geht davon aus, dass Football seinerzeit »zu Fuß gespielte Ballsportarten« bedeutete, in Abgrenzung zu Sportarten, die, wie z. B. Polo, reitend ausgeführt wurden.

»FLUCHEN UND SPUCKEN GEGEN DEN WIND VERBOTEN« UND ANDERE SELTSAME US-GESETZE

Fluchen ist ein menschlicher Umtrieb und bisweilen Balsam für die Seele, da widerspricht keiner. Im Land der unbegrenzten Möglichkeiten ist das Fluchen in manchen Staaten jedoch nur begrenzt möglich. Wie in Michigan. Ein Gesetz des *Midwest*-Staates stellt das ungebührliche Benehmen von Männern in Gegenwart von Frauen und Kindern unter Strafe. So ist es verboten, in Nähe oder in Hörweite von Frauen und Kindern unanständige, unmoralische, obszöne, vulgäre oder beleidigende Wörter zu gebrauchen. Das Gesetz ist zwar von 1897, aber tatsächlich wurde noch 1999 ein Mann deshalb verurteilt. Wie es dazu kam? Nun, der Mann hatte eine Kanutour unternommen und dabei einen Felsen gerammt. Er ließ seinem Ärger freien Lauf, wobei Worte fielen, die in der amerikanischen Gesellschaft als anstößig empfunden werden. Unter anderem soll 75-mal das Wort *fuck* gefallen sein. Am Ufer standen Frauen und Kinder, die Zeugen dieses Schauspiels wurden und es dem herbeieilenden Sheriff meldeten. Der Kanufahrer wurde vor Gericht gestellt und zu einer Geldstrafe verurteilt.

Aber nicht nur in Michigan lauern Sprachwächter. Im Sommer 2004 hat der US-Senat mit 99 zu 1 Stimme den *Defense of Decency Act* beschlossen, der für jeden verbalen Ausfall im Fernsehen oder Radio eine Buße bis zu 275.000 Dollar vorsieht. Hätte das auch für einen gewissen Ex-Präsidenten gegolten, wären seine Geldbußen während seiner Amtszeit in Milliardenhöhe gegangen.

In Sault Ste. Marie im Nordosten Michigans gibt es ein Gesetz, das Spucken gegen den Wind bestraft. Unsinnig? Nicht für diejenigen, die von der Spucke eines im Wind radelnden Zeitgenossen getroffen werden.

In Arizona dürfen Esel nicht in Badewannen schlafen. Ein Witz? Nein. In den 1920er Jahren erkor der Esel eines Ranchers die Badewanne zu seinem Lieblingsschlafplatz. Wer weiß, vielleicht stand die Wanne ja draußen. Als ein örtlicher Damm brach, wurde der schlafende Esel in der Badewanne von den Wassermassen fortgespült. Da seine Rettung sehr aufwendig war, erließ die Stadt das Gesetz, das bis heute gilt.

In New Jersey dürfen Menschen, die gerade dabei sind, ein Gesetz zu brechen, keine kugelsicheren Westen tragen. Werden sie geschnappt, haben sie gleich zwei Vergehen am Hals. In Vermont dürfen Frauen ohne das Einverständnis ihres Ehemannes keine dritten Zähne tragen. Ob dieses Gesetz je angewandt wurde?

In Rhode Island ist es gesetzlich verboten, auf einem Pferd über die Autobahn zu jagen, und in Manhattan ist es nicht erlaubt, Selfies mit Tigern zu schießen. Dieses Gesetz ist seit 2014 in Kraft. Mir selbst ist bisher noch kein Tiger auf den Straßen Manhattans über den Weg gelaufen. Dafür ist es in New York erlaubt, bei Rot über die Ampel zu gehen, solange man die Straße nicht diagonal überquert. In Alabama ist es verboten, mit verbundenen Augen Auto zu fahren. Das muss tatsächlich mal jemand gemacht haben, denn sonst gäbe es das Gesetz nicht.

Aber

Es gibt Hunderte von skurrilen Gesetzen aus dem 19. und frühen 20. Jahrhundert, die längst nicht mehr angewendet werden, aber immer noch existieren – für den Fall der Fälle.

BEIM SPAZIERGANG IN DEN USA DROHT VERHAFTUNG

Die Bewegungsfreiheit ist im Land der unbegrenzten Möglichkeiten in mancher Hinsicht sehr begrenzt. Der Durchschnittsamerikaner, so eine Studie, geht am Tag gerade mal 300 Meter zu Fuß: vom Haus in die Garage zum Auto und von der Tiefgarage im Bürogebäude zum Fahrstuhl, der ihn ins Büro hinauf befördert. Nach Büroschluss erfolgt die gleiche Prozedur – frische Luft bekommt er dabei keine ab.

Dass ein Spaziergang an der frischen Luft verdächtig ist, wurde mir gleich am Anfang meiner Zeit in Michigan klar. Unser Haus lag in einem Wohngebiet am Reeds Lake in East Grand Rapids. Zum Gaslight Village, dem Zentrum des Ortes, waren es ungefähr zwei Kilometer entlang eines Fußgänger- und Radweges. Da ich sehr gerne zu Fuß unterwegs bin, machte ich mich auf, das Village zu erkunden. Noch bevor ich den Fußgängerweg erreichte, hielt ein Polizeiauto neben mir an.

»*Everything okay?*«, fragte der Fahrer aus dem offenen Fenster.

Was sollte denn nicht in Ordnung sein? »*Just going for a walk*«, antwortete ich.

»*Why, did your car break down?*«

Ich wiederholte meine Antwort, woraufhin er verwundert den Kopf schüttelte und weiterfuhr.

Wenige Minuten später radelten zwei uniformierte Ranger an mir vorbei, bremsten und stellten mir die gleiche Frage, worauf sie die gleiche Antwort erhielten. Sie radelten weiter, drehten sich aber um und warfen mir misstrauische Blicke zu. Unterwegs begegneten mir Jogger und Power Walker mit Hunden. Ich erntete mehr als einen seltsamen Blick.

»Spazieren geht man hierzulande nicht einfach so«, erklärte mir eine Freundin später, »und schon gar nicht in City-Klamotten. Man joggt oder verbindet das Power Walking mit Gassigehen. So sind zwei Fliegen mit einer Klappe geschlagen – der Hund macht sein Geschäft, man selbst tut was für die Figur und hat frische Luft inklusive.«

Ein Fahrrad musste her! Aber ganz schnell. War und ist ja auch sonst mein tägliches Fortbewegungsmittel. Komische Blicke aber auch, als ich mit dem Rad unterwegs war. Klar, ich trug beim Radeln kein Sport-Outfit, und in Kleid und Ballerinas und ohne Helm radelt frau vielleicht durch Greenwich Village in New York, aber nicht am Reeds Lake in East Grand Rapids. Zumindest hielten mich nun keine Polizeistreifen und Ranger mehr an. Dafür wurde ich zum Schrecken der Jogger und Power Walker. In den USA haben Fahrräder in der Regel nämlich keine Klingel. Radler machen sich durch den Ruf »*On your left*« bzw. »*On your right*« bemerkbar. Das wusste ich beim Fahrradkauf allerdings nicht und fragte im Laden verwundert, wo denn die Klingel sei.

»*A bell? What do you need a bell for*«, fragte mich der Verkäufer verwundert. Ich wiederum wunderte mich über die Frage. Die Klingel musste in Kanada bestellt werden. Als ich sie endlich hatte und während des Radelns zum ersten Mal hinter zwei Power Walkerinnen klingelte, sprangen sie vor Schreck in die Böschung.

Im Winter, als ich wegen des kniehohen Schnees nicht mehr radeln konnte (ich schwöre, ich hatte nie zuvor solche Schneemassen gesehen), stapfte ich an der zum Glück nicht viel befahrenen Straße entlang ins Village, was natürlich wieder für Aufsehen sorgte. Der Fußgängerweg war nicht geräumt, wozu auch, bei Schnee fuhren Power Walkerinnen zur Shopping Mall und drehten dort ihre Runden, die Radfahrer stellten ihr Fahrrad zum Überwintern in die Garage, und die Hunde wurden für ihr Geschäft nur kurz vor die Tür gelassen. Auf halbem Weg ins Village hielt eine Polizeistreife neben mir an. Der Fahrer öffnete das Fenster und fragte für den Grund meines mühsamen Stapfens durch den Schneematsch am Straßenrand.

»*Just going for a walk*«, antwortete ich und fügte auf seinen ungläubigen Blick hinzu: »*I am from Germany and Germans love to walk in every weather!*«

Daraufhin lachte er herzlich und fuhr weiter.

Einmal erzählte mir eine Australierin, dass sie in Florida fast verhaftet worden wäre. Ihr Vergehen? Ein Spaziergang! Sie wollte sich die Gegend anschauen, ist dabei durch ein Wohngebiet spaziert, woraufhin beunruhigte Anwohner die Polizei alarmierten.

»Plötzlich hielt ein Polizeiauto neben mir an, zwei Cops sprangen aus dem Wagen, wollten meinen Ausweis sehen und wissen, warum ich hier unterwegs sei. Ich war völlig perplex«, sagte sie. Sie erklärte den Polizisten, dass sie aus Australien sei, hier Urlaub und momentan nur einen Spaziergang mache. Sie wurde dann darüber aufgeklärt, dass man nicht einfach so in Wohngegenden herumspazieren könne, es sei denn, man ist dort ansässig, die Nachbarn kennen einen und der Spaziergang beschränkt sich auf die üblichen 50 Meter zum Briefkasten am Straßenrand. Ihr wurde geraten, künftig nur noch in Sportkleidung ihre Spaziergänge zu machen, denn so gekleidet würde sie keinen Verdacht erregen.

Gut zu wissen

Das »inoffizielle« Spaziergehverbot (ohne Hund und Jogging-Outfit) gilt nur für reine Wohngegenden *(residential areas)* außerhalb von Städten. In Chicago, New York und San Francisco konnte ich immer seelenruhig durch Wohngebiete marschieren.

SCHLAGLÖCHER KURBELN DIE AMERIKANISCHE AUTOINDUSTRIE AN

Wenn ich in Grand Rapids, Michigan, mit dem Fahrrad unterwegs war, musste ich Schlaglöchern in allen Variationen ausweichen. Unweigerlich kam mir der Gedanke: Sie werden absichtlich nicht geflickt, weil sie die Autoindustrie ankurbeln! So abwegig war der Gedanke gar nicht, denn wo befindet sich die amerikanische Autoindustrie? In Detroit! Und wo gibt es die kaputtesten Straßen im Land – Straßen, auf denen tiefe Risse mit Schlaglöchern einhergehen? In Michigan! Zumindest sieht man weder an der Ost- noch an der Westküste Straßen mit Schlaglöchern dieser Ausmaße. Selbst Mexiko hat bessere Straßen als der *Midwest*-Staat. Der Asphalt in manchen Gegenden ist mit so tiefen Schlaglöchern übersät, dass er der Kraterlandschaft auf dem Mond gleicht und man die Straße mit dem Auto nur im Zickzackkurs passieren kann. Aber das erfordert Übung!

Solche Schlaglöcher hält natürlich kein Auto lange aus. Die Fahrwerksschäden nehmen überhand – Reifen und Felgen werden zerstört, Stoßdämpfer verschleißen, die Vorderachse leidet, nicht selten bleiben Fahrzeuge mit Achsenbruch liegen. Besonders oft sieht man Fahrer auf dem Seitenstreifen des Expressway nach Detroit hilflos neben ihren kaputten Fahrzeugen stehen, sitzen und liegen – man bettet sich an warmen Tagen eben ins Gras und starrt zornig in den blauen Himmel, wenn der Pannendienst nicht kommt. Manch einer versetzt seinem Auto auch wütende Tritte. Andere holen Campingstühle aus dem Kofferraum und harren der Dinge. Man sieht sehr viel auf dem Expressway Richtung Detroit!

Hat das Auto unter den Schlaglöchern schließlich lange genug gelitten und die Reparaturkosten häufen sich, muss ein neuer fahrbarer Untersatz her. Das kurbelt die marode Autoindustrie in Detroit an, die noch vor gar nicht so langer Zeit kurz vor dem Bankrott stand. Da ein neues Auto aber Geld kostet und der Durchschnittsamerikaner keines hat, weil er Hypotheken- und Kreditkartenschulden abstottert, muss er sehen, dass er einen Autokredit bekommt. Für die Bank kein Problem, denn die schlägt vor, das Haus einfach mit einer weiteren Hypothek zu belasten. Somit kurbeln die Schlaglöcher gleichzeitig auch das Kreditgeschäft der Banken an. Genial, nicht wahr? »Wozu also weitere Sanierungspläne für die noch immer angeschlagene Autoindustrie? Mehr Schlaglöcher sind die Lösung!«, witzelte ich in den Jahren, als sich die Big Three (Chrysler, Ford, General Motors) in der Krise befanden.

Die Zeitschrift *Time* nannte Amerikas Highways die »Supermacht der Schlaglöcher«. Als während der 1950er Jahre in Rekordtempo viele neue Straßen entstanden, tendierten die Bundesstaaten und Kommunen landesweit dazu, ausschreibungspflichtige Aufträge an den Bieter mit dem niedrigsten Preisangebot zu vergeben, was häufig bedeutete, dass sie das schlechteste Material und die am schlampigsten ausgeführte Arbeit bekamen. Zudem hat die Regierung die Vernachlässigung durch Subventionierung von Neubauten oder größeren Umstrukturierungen von 90 Cent pro Dollar gefördert, jedoch keine Subventionen für Instandhaltungsarbeiten gewährt.

MITUNTER WIRD AUCH EIN VIZEPRÄSIDENT ZUM MÖRDER

» *Founding Father without a father«* (Gründervater ohne Vater) *»and me? I'm the damn fool that shot him«* (und ich? Ich bin der verdammte Idiot, der ihn erschossen hat) – rappt Leslie Odom als Politiker Aaron Burr im Musical *Hamilton*, das am 20. Januar 2015 in New York Uraufführung feierte. Mit viel Hip-Hop, R&B und großartigen Tanzeinlagen zeigt das Meisterwerk von Lin-Manuel Miranda das Leben des amerikanischen Gründervaters Alexander Hamilton vom vaterlosen Immigranten zum ersten Finanzminister der USA bis zu seinem Tod im Duell mit Vizepräsident Aaron Burr. Miranda, der Hamilton auf der Bühne verkörpert, erhielt für Buch, Text und Musik 2016 den Pulitzer-Preis – nur einer der unzähligen Preise, den das Musical seit 2015 erhielt. Bis die

Corona-Krise den Broadway im März 2020 lahmlegte, war jede Aufführung von *Hamilton* ausverkauft und das Stück zugleich das einnahmestärkste Musical am Broadway.

Die Person Alexander Hamilton, »*the ten-dollar Founding Father*« – sein Konterfei ziert seit 1928 den 10-Dollar-Schein –, ist seitdem zum Hype geworden. Auch der längst vergessene Aaron Burr ist seit dem Hip-Hop-Musical wieder ins Blickfeld geraten. Im Wahlkampf 2016 fragte HNN (History News Network) in einem Artikel sogar »*Is Donald Trump the New Aaron Burr?*« Und als sich der damals (noch) künftige Vizepräsident Mike Pence am 18. November 2016 im Publikum befand, verlas der Darsteller des Aaron Burr am Ende der Show im Namen aller Darsteller folgende Nachricht an ihn: »Wir, Sir – wir sind das vielfältige Amerika, das alarmiert und besorgt ist, dass Ihre neue Regierung uns, unseren Planeten, unsere Kinder, unsere Eltern nicht schützen oder uns nicht verteidigen und unsere unveräußerlichen Rechte wahren wird. Wir hoffen, dass diese Show Sie dazu inspiriert hat, unsere amerikanischen Werte zu wahren und für uns alle zu arbeiten.«

Pence wurde vom Publikum ausgebuht. Trump twitterte sofort seinen Unmut darüber und verlangte von den Darstellern eine Entschuldigung.

Aaron Burr (1756–1836) stammte aus einer bekannten Theologenfamilie aus New Jersey, schlug aber selbst die Juristenlaufbahn ein. Seine politische Karriere begann 1784 als Abgeordneter der Stadt New York im Unterhaus des Staates. Er brachte einen Gesetzesvorschlag zur Abschaffung der Sklaverei ein, der jedoch scheiterte. Der New Yorker Gouverneur und Anti-Föderalist, Gouverneur George Clinton, ernannte Burr 1789 zum *Attorney General* (Generalstaatsanwalt) des Staates New York. In jener Zeit gehörten Aaron Burr und Alexander Hamilton (1757–1804) zu den herausragenden Anwälten New Yorks.

Hamilton wurde als uneheliches Kind von Rachel Faucette, Tochter hugenottischer Auswanderer, auf Nevis auf den Westindischen Inseln geboren. Sein Vater war der Schotte James Hamilton – der seinen Sohn nicht offiziell anerkannte. Als seine Mutter 1768 starb, nahm der Kaufmann Thomas Stevens Alexander als Waisenkind auf. 1772 verließ Hamilton die Karibikinsel Richtung USA. Er schrieb sich am damaligen King's College in New York ein, kämpfte im Unabhängigkeitskrieg, wo er es bis zum *Colonel* (Oberst) brachte, und wurde später Anwalt in New York. 1784 gründete er die Bank of New York, die älteste Bank der USA, und nahm an der Ausarbeitung der neuen Verfassung teil. Zwei Jahre, nachdem die Verfassung 1787 unter Dach und Fach war, gründete Hamilton 1789 die Federalist Party, die erste politische Partei der USA. Im selben Jahr wurde er unter Präsident George Washington zum ersten Finanzminister der USA ernannt.

Die späteren Präsidenten Thomas Jefferson und James Madison gründeten 1792 die Democratic-Republican Party. Aaron Burr sympathisierte mit der Partei, genoss aber einen Ruf als »Unparteiischer«. Im Jahr zuvor war Burr erstmals in einen politischen Konflikt mit Hamilton geraten. Der New Yorker Gouverneur George Clinton hatte Burr für den neu zu besetzenden Senatorenposten New Yorks im Kongress nominiert. Er hoffte, damit den bisherigen föderalistischen Mandatsträger, Philip Schuyler, loszuwerden. Burr gewann die Wahl. Das ärgerte Hamilton, denn Schuyler war sein Schwiegervater. Als sich Burr 1792 erstmals als demokratisch-republikanischer Kandidat für die Vizepräsidentschaft ins Spiel brachte, intrigierte der damalige Finanzminister Hamilton gegen Burr. Er sah es als seine »religiöse Pflicht« an, dessen politischen Aufstieg zu verhindern.

Damals wurden Präsident und Vizepräsident in einem Wahlgang gewählt – Präsident wurde derjenige mit den meisten Stimmen, Vize der mit den zweitmeisten. So kam es, dass der Föderalist John Adams 1796 Präsident wurde, sein Vize, Thomas Jefferson, aber der Democratic-Republican Party angehörte. Auch Burr war im Rennen um die Präsidentschaft, erhielt aber kaum Stimmen. Vier Jahre später trat er erneut an. Sowohl er als auch Thomas Jefferson erhielten je 73 Wahlmännerstimmen. Das hätte nicht passieren sollen, denn die Republikaner hatten geplant, dass einer ihrer Wahlmänner für Jefferson, aber nicht für Burr stimmen sollte – das offenbarte mangelnde Parteidisziplin. Man vermutete eine Intrige Burrs, der selbst gern Präsident geworden wäre. Es kam zur Nachwahl. Damit es in Zukunft nicht wieder zu so einem Debakel kommen würde, wurde der Wahlmodus durch einen Zusatzartikel verändert. Seitdem geben Wahlmänner getrennt eine Stimme für den Präsidenten und eine Stimme für den Vizepräsidenten ab.

Als Vizepräsident Aaron Burr vor der Präsidentschaftswahl 1804 erkannte, dass er nicht erneut als Vizekandidat infrage kam, ließ er sich mit Unterstützung der gegnerischen Federalist Party als Kandidat für die New Yorker Gouverneurswahl aufstellen. Als Burr dem Kandidaten der Democratic-Republican Party haushoch unterlag, gab er die Schuld an seiner Niederlage seinem Erzfeind, Alexander Hamilton. Dieser hatte von Anfang an in scharfen Worten vor Burr gewarnt, den er für moralisch verkommen und prinzipienlos hielt. Zudem gelangten Bemerkungen, die Hamilton bei einem Abendessen über Burr machte, an die Presse. Unter anderem hatte er geäußert, dass Burr ein gefährlicher Mann sei, dem man »nicht die Zügel der Regierung anvertrauen sollte«. Es folgten Wortgefechte per Brief, bis sich Burr so in seiner Ehre gekränkt fühlte, dass er Hamilton zum Duell herausforderte.

Um sieben Uhr am Morgen des 11. Juli 1804 trafen sich die beiden Kontrahenten in Weehawken, am Westufer des Hudson Rivers. Hamilton kam zuerst zum Zug, schoss anscheinend aber absichtlich daneben, denn er wollte Burr nicht töten. Burr zielte und traf Hamilton tödlich. Drei Jahre zuvor war Hamiltons Sohn an der gleichen Stelle bei einem Duell ums Leben gekommen. Wegen Mordes wurde Burr nie verurteilt, seine politische Karriere in Washington war 1805 aber beendet. Letztendlich war es Alexander Hamilton gelungen, den politischen Aufstieg Burrs zu verhindern – es hatte ihn allerdings das Leben gekostet.

Gut zu wissen

1807 wurde Burr wegen Hochverrats angeklagt und floh im Jahr darauf nach England. Aber das ist eine andere Geschichte und hat nichts mit Alexander Hamilton zu tun.

MIETERSCHUTZ? NICHT IN DEN USA!

Vor einem Haus in Detroit türmten sich Möbel und allerhand Kleinkram. Auf den ersten Blick hielt ich die Szene für einen *yard sale* (eine Art Privatflohmarkt), bis ich eine Frau heulend inmitten der Sachen sitzen sah. Von Umstehenden erfuhr ich, dass sie von der Arbeit nach Hause kam und ihren gesamten Hausrat auf dem Rasen vorfand. Sie war Opfer einer Zwangsräumung.

Je nach Gesetzeslage haben in vielen Bundesstaaten und Kommunen Vermieter das Recht, ihren Mietern ohne Angabe von Gründen fristlos zu kündigen und die Wohnung innerhalb von wenigen Tagen eigenmächtig räumen zu lassen. Die meisten Zwangsräumungen kommen zustande, weil die Bewohner ihre Miete nicht zahlen können. Aber auch wenn diese pünktlich bezahlt wird, können Vermieter den Mietvertrag ohne Angabe von Gründen mit sofortiger Wirkung kündigen. Mieterschutzbund? Nicht in den USA!

Gerade wenn der Wohnungsdruck extrem ist, werden Mieter von Vermietern vertrieben, die darauf aus sind, von den steigenden Marktpreisen zu profitieren, wie beispielsweise in San Francisco während der diversen Tech-Booms. Unter solchen Umständen können Vermieter geringfügige Verstöße, die zuvor toleriert wurden, wie das Halten eines kleinen Haustieres oder das Abstellen eines Fahrrads im Flur, zur sofortigen Kündigung und Räumung der Mietwohnung nutzen. Die Situation in Kalifornien wird seit 1985 durch den nach dem republikanischen Senator James Ellis benannten *Ellis Act* verschärft, der es den Vermietern ermöglicht, Wohnungen jederzeit zwangsräumen zu lassen und diese sofort als Eigentumswohnungen zu verkaufen. Die Mieter bekommen vorab eine fristlose Kündigung und werden gebeten, die Wohnung oder das Haus zum genannten Zeitraum zu räumen. Kommen sie der genannten Frist, die in Extremfällen nur drei Tage betragen kann, nicht nach, hat der Vermieter das Recht, die Wohnung räumen zu lassen – ob die Mieter zu Hause sind oder nicht.

In der Regel muss der Vermieter die Räumung beim zuständigen Gericht beantragen – aber auch das ist von Staat zu Staat verschieden. In Texas müssen Haus- und Wohnungseigentümer gesetzlich nachweisen, dass sie ihren Mietern eine dreitägige Kündigungsfrist zugestellt haben, bevor sie vor Gericht die Räumung beantragen. Es existieren zwar auch in Texas Mieterrechte, aber vor Gericht ziehen Mieter meistens den Kürzeren. Trotzdem kann es durchaus vorkommen, dass der Richter auf Seiten des Mieters steht und der Vermieter das Nachsehen hat.

Schätzungsweise werden in den USA jährlich über zwei Millionen Wohnungen zwangsgeräumt. Allein im Großraum Detroit kommt es laut *The Detroit News* jährlich zu über 30.000 Zwangsräumungen. Ist die Wohnung erst einmal weg, fällt der *credit score* in der *credit history*, das Pendant zur deutschen Schufa, was es erschwert, eine neue Wohnung zu finden.

Weder Mieter noch Vermieter binden sich in den USA gerne an langfristige Verträge. Deshalb sind Mietverträge nicht unbefristet, sondern werden in der Regel jährlich verlängert mit einer Kündigungsfrist von 30 Tagen. Findet der Vermieter allerdings einen Grund, den Mieter loszuwerden, ist die Kündigungsfrist hinfällig. Manche Vermieter legen im Mietvertrag von Vornherein gleich kürzere Fristen fest.

Harte Fakten

Da das Recht auf Eigentum und dessen Schutz ein elementarer Grundpfeiler der amerikanischen Gesellschaft ist, liegt das Recht aufseiten des Vermieters. Was nicht heißt, dass der Mieter gar keine Rechte hat. Einen so umfangreichen Mieterschutz wie in Deutschland und vielen anderen EU-Ländern gibt es allerdings nicht.

WER IN DEN USA EINEN ZEHN-DOLLAR-SCHEIN IN DER TASCHE UND KEINE SCHULDEN HAT, IST REICHER ALS DER DURCHSCHNITTS-AMERIKANER

16

Schulden

Während einer Recherchereise in Irland klagte mir eine amerikanische Kollegin ihr finanzielles Leid, als ich sie beneidete, dass sie für das Reise- und Lifestyle-Magazin *Condé Nast Traveler*, für *National Geographic* und die *New York Times* schrieb. Von ihren Honoraren könnte sie sehr gut leben, wenn sie nicht so total verschuldet wäre, erzählte sie mir. Da waren die monatlichen Raten des Studentendarlehens an der Columbia-Universität – über 200.000 Dollar hat das Studium gekostet. Ihre Eltern haben einen Teil der Kosten übernommen, sie selbst zahlte monatlich 1.500 Dollar ab. Auf ihren Kreditkarten hatten sich 50.000 Dollar Schulden angehäuft. Schuld daran war ein komplizierter Beinbruch zwei Jahre zuvor, für den eine Operation notwendig war – die Kosten beliefen sich auf 35.000 Dollar. Krankenversichert war sie zum Zeitpunkt des Unfalls nicht. Zu teuer. Obamacare? Bekam sie nicht, da ihr Jahreseinkommen für die Voraussetzungen zu hoch war. In Brooklyn lebt sie in einer Wohngemeinschaft mit zwei Freundinnen – allein kann sie sich die Miete nicht leisten.

Sie ist kein Einzelfall. Nach Auskunft der US-Notenbank beliefen sich die Verbraucherschulden in den USA 2021 auf knapp 16 Billionen Dollar. Laut eines Berichts des US-Wirtschaftskanals CNBC im November 2021 hat der Durchschnittsamerikaner 90.460 Dollar Schulden, wobei in den vier Hauptbereichen der Verschuldung ein stetiges Wachstum zu verzeichnen ist: Eigenheim, Auto, Studentendarlehen und Kreditkarten. Die Durchschnittswerte pro Haushalt lagen Ende 2021 bei 215.000 Dollar für Hypotheken, 35.163 Dollar für Autokredite, 37.013 Dollar für Studentendarlehen und 5,221 Dollar für Kreditkartenschulden. Im Durchschnitt verfügt jeder Amerikaner über vier Kreditkarten, aber auch acht bis zehn Karten mit über 100.000 Dollar Schulden sind in den USA keine Seltenheit. Eine der Gründe sind Arzt- und Krankenhausrechnungen. 44 Millionen Amerikaner haben keine Krankenversicherung, weitere 38 Millionen sind nur unzureichend versichert. Wer krank wird oder einen Unfall hat und über keinen Notgroschen verfügt, setzt die Behandlungskosten auf die Kreditkarte. Oder aufs Haus, wenn sie gar zu hoch sind. Viele Amerikaner nutzen ihr Eigenheim mithilfe von Hypothekenkrediten als Geldautomat – nicht nur für Arztrechnungen oder zur College-Finanzierung, sondern auch für Konsumgüter und Reisen. Zu den am höchsten verschuldeten Amerikanern gehörten 2021 übrigens die Bewohner des District of Columbia (Washington D.C.) mit fast 466.000 Dollar Hypothekenschulden pro Haushalt.

Das Leben auf Pump und Schulden gehören zum amerikanischen Alltag wie Bagels, Doughnuts und Hamburger. Laut *US News* haben fast 40 Prozent der Amerikaner Schwierigkeiten, für Grundbedürfnisse wie Essen und Wohnen zu bezahlen, und CBS News berichtete, dass 57 Prozent nicht über genügend Geld verfügen, um eine unerwartete Ausgabe in Höhe von 500 Dollar zu bezahlen.

Harte Fakten

Laut CNBC betrugen die Kreditkartenschulden der Amerikaner in den ersten drei Monaten des Jahres 2022 841 Milliarden Dollar.

DIE AMERIKANER HABEN EINE FLAGGENMACKE

Fährt man in den USA durch Wohngebiete, sieht man kaum ein Haus, vor dem nicht das Sternenbanner in Großformat weht. Für die Amerikaner ist ihre Flagge Sinnbild des Patriotismus – unabhängig von ihrer politischen Couleur. Sie spielt eine so große Rolle in ihrem Leben, dass täglich Millionen Schulkinder vor Unterrichtsbeginn den Fahneneid ablegen.

Die Flag Manufacturers Association of America schätzt, dass jedes Jahr rund 150 Millionen amerikanische Flaggen aller Größen verkauft werden. Was macht die Amerikaner so verrückt nach ihrem Sternenbanner? Was hat das Stück Stoff mit 13 Streifen und 50 Sternen an sich, dass es zu einem unantastbaren Kultstatus erhoben wurde?

»Unsere Flagge ist zu einem Symbol geworden, das über der Politik steht. Sie ist das Symbol dessen, was uns verbindet«, sagt Flaggenkundler John Hartvigsen, Präsident der North American Vexillological Association (NAVA). Seiner Meinung nach war das brennende Bedürfnis, Einheit in einem Land zu finden, in dem es keinen Monarchen gab, um den man sich versammeln konnte, seit der Amerikanischen Revolution vorhanden. Spätestens seit dem Bürgerkrieg sehen die Amerikaner die Flagge als Erinnerung daran, dass sie trotz ihrer Unterschiede und Schwierigkeiten eine Nation sind. In den dunkelsten Zeiten und den größten Triumphen des Landes war die Flagge ihr Symbol. Als sie über Fort McHenry wehte und Francis Scott Key sein Gedicht schrieb, das zur Nationalhymne wurde. In den Straßen amerikanischer Städte während des Vietnamkrieges. Auf dem Mond 1969. Nach dem 11. September 2001 über den Trümmern des World Trade Centers.

An patriotischen nationalen Feiertagen wie dem Independence Day, Veterans Day und Memorial Day badet das ganze Land förmlich in Flaggen. Sie wehen dann nicht nur an Gebäuden, Autos und Motorrädern, sondern prangen von T-Shirts, Baseballkappen und sonstigen Kleidungsstücken. Präsident Woodrow Wilson hat dem Sternenbanner mit dem Flag Day 1916 am 14. Juni sogar einen eigenen Tag gewidmet, der allerdings kein offizieller Feiertag ist. Nur Pennsylvania macht die Ausnahme, denn das ist der Heimatstaat der Polsterin Betty Ross, die der Legende nach 1776 in Philadelphia das erste Sternenbanner genäht haben soll. Der US-Präsident hält jedes Jahr am Flag Day eine Ansprache, in der die Woche vom 14. Juni als Nationalflaggenwoche proklamiert wird und alle Amerikaner dazu aufgefordert werden, das Sternenbanner zu hissen. So wundert es nicht, dass die Amerikaner auch über ein Flaggengesetz verfügen – *The United States Flag Code* wurde 1923 entworfen und ist seit Juni 1942 im Bundesgesetz verankert. Unter anderem gilt, dass die Flagge nicht mit dem Sternenfeld nach unten gehisst werden sollte, es sei denn, es handelt sich um einen Notfall, und dass sie, wenn sie herabgelassen wird, weder den Boden noch etwas anderes berühren sollte. Auch sollte sie nicht zum Transportieren von Gegenständen jedweder Art genutzt werden, weder auf öffentlichem noch auf privatem Grund im Regen oder bei stürmischem Wetter gehisst sein (Ausnahme: sie weht auf Halbmast), sie sollte niemals einen Gegenstand unterhalb der Flagge selbst berühren und nur zwischen Sonnenaufgang und Sonnenuntergang wehen. Es sei denn, ein patriotischer Effekt ist gewünscht und Beleuchtung vorhanden. Der U.S. Flag Code ist ziemlich lang und ausführlich.

Aber

Nachdem während des Vietnamkrieges in den USA immer wieder Sternenbanner von Demonstranten verbrannt wurden, verabschiedete der Kongress 1968 mit dem *Flag Desecration Amendment* ein erstes Gesetz zum Schutz der Flagge, das die Schändung derselben unter Strafe stellte. Der Supreme Court, der Oberste Gerichtshof der USA, entschied 1989 jedoch, dass dieses Gesetz eine verfassungswidrige Einschränkung der Meinungsfreiheit darstelle und damit nichtig sei. Präsident Trump twitterte ein paar Wochen vor seinem Amtsantritt, dass das Verbrennen der Flagge mit Gefängnis und Entzug der Staatsbürgerschaft bestraft werden sollte. Ein entsprechendes Gesetz wurde bisher nicht verabschiedet.

DIE AMERIKANISCHE FLAGGE IST DAS DESIGN EINES TEENAGERS

Für ein Projekt im Fach amerikanische Geschichte an einer Highschool in Ohio entschied sich der 17-jährige Robert Heft dazu, ein Sternenbanner mit 50 Sternen zu kreieren. Man schrieb das Jahr 1958, und die USA bestanden aus 48 Staaten. Robert war sich aber ganz sicher, dass sein Land im Jahr darauf um zwei Staaten ergänzt werden würde, denn seit einiger Zeit waren Alaska und Hawaii im Gespräch. Er zerschnitt die Flagge, die seine Eltern als Hochzeitsgeschenk erhalten hatten und ordnete die Sterne plus zwei neu an. Er konnte weder mit Nadel und Faden umgehen, noch Hilfe seitens seiner Mutter erwarten, denn die fürchtete die Entweihung der Flagge. So verbrachte er an einem Wochenende zwölfeinhalb Stunden damit, die Sterne neu anzuordnen und auf das Banner zu nähen. Die Schwierigkeit bestand darin, einen Stern hinzuzufügen, damit niemand erkennen konnte, dass sich das Design geändert hatte. Der Schüler ordnete die 50 Sterne in fünf Reihen mit sechs Sternen im Wechsel mit vier Reihen mit fünf Sternen. Stolz präsentierte er das neue Sternenbanner seinem Geschichtslehrer Stanley Pratt. Der fand, dem neuen Design würde es an Originalität fehlen, und gab Heft für sein Werk ein B−, was der deutschen Note 2− entspricht. Pratt versprach jedoch spaßeshalber, dass er die Note in ein A ändern würde, sollte der Kongress das Design akzeptieren. Nie und nimmer hätte der Lehrer es für möglich gehalten, dass Heft die neu gestaltete Flagge verpacken und sie an den Kongressabgeordneten des Staates Ohio schicken würde. Die Dinge nahmen ihren Lauf.

Alaska wurde am 3. Januar 1959 als 49. Staat in die Vereinigten Staaten aufgenommen. Das Banner mit 49 Staaten wehte nicht lange, denn im August desselben Jahres wurde Hawaii der 50. Bundesstaat und Robert Hefts Schulprojekt wenig später die neue Flagge des Landes. Sein perplexer Geschichtslehrer hielt sein Versprechen und wandelte die Note nachträglich in ein A um. Für den Fall eines 51. Staates entwarf Heft eine weitere Flagge mit sechs Sternenreihen, in der sich Neuner- mit Achterreihen abwechseln und so auf die Gesamtsternenzahl von 51 kommen. Die Flagge wird vom jeweiligen Kongressabgeordneten verwahrt und kommt vielleicht irgendwann einmal zum Einsatz. Als mögliche Kandidaten eines 51. Staates gelten der Hauptstadtbezirk District of Columbia (D.C.) und das Außengebiet Puerto Rico. Robert Heft wurde Highschool-Lehrer, später Professor an einem College und war 28 Jahre lang Bürgermeister der Stadt Napoleon in Ohio. Er starb 2009 im Alter von 68 Jahren an einem Herzinfarkt. Zeit seines Lebens bekam er immer wieder Angebote zum Verkauf seines handgenähten 50-Sternebanners – bis zu 350.000 Dollar war manch einer gewillt, dafür zu zahlen. Heft lehnte stets ab – er hatte nicht die Absicht, sich vom Ergebnis seines alten Schulprojekts zu trennen. Die Flagge, die ihn berühmt machte, ist durch häufiges Ausstellen verschmutzt und verblasst. Sie wehte über jedem Gebäude der Hauptstadt und über 88 US-Botschaften. Hefts Grabstein in Saginaw, Michigan, ist ein steinernes Sternenbanner, auf dem die Worte stehen »*Robert G. Heft – Designer of America's 50-Star Flag*«.

Harte Fakten

Seit Gründung der USA waren 27 Flaggen im Einsatz, wovon 14 nur ein bis zwei Jahre wehten. Bis heute gilt Robert Heft als Urheber der am längsten dienenden Flagge in der Geschichte der USA.

IN DEN USA GRÜSST TÄGLICH DER FAHNENEID

»Ich schwöre Treue auf die Fahne der Vereinigten Staaten von Amerika und die Republik, für die sie steht, eine Nation unter Gott, unteilbar, mit Freiheit und Gerechtigkeit für jeden.« Diese Treuegelöbnis *(Pledge of Allegiance)* gegenüber der Nation und der Flagge der Vereinigten Staaten ist Bestandteil des seit Jahrzehnten umstrittenen Morgenrituals an öffentlichen Schulen in 45 Staaten. Viele Amerikaner finden, dass das Treuegelöbnis aus den Klassenzimmern verschwinden sollte, da es keinerlei pädagogischen Wert habe. Gerichte haben geurteilt, dass kein Schüler dazu gezwungen werden könne, am Ritual des Treuegelöbnisses teilzunehmen. Wer allerdings keine Treue schwört, wird von manchen Mitschülern als illoyal angesehen. Ein Vater in Massachusetts, der sich

2019 öffentlich gegen das Ritual an der Schule seiner Kinder ausgesprochen hatte, wurde von anderen Eltern telefonisch und in E-Mails als »sozialistisches Schwein« beschimpft.

Verfasst wurde *The Pledge of Allegiance* 1892 von Baptistenpfarrer Francis Bellamy zum 400. Jahrestag der Entdeckung Amerikas. Bald hielt der Treueschwur in Klassenzimmern Einzug. Die Schüler standen dabei mit ausgestrecktem Arm, dem Bellamy-Gruß, zur Flagge. Da er dem Hitlergruß ähnelte, wurde er im Dezember 1942 durch die Hand-übers-Herz-Gestik ersetzt.

Die Worte »eine Nation unter Gott« wurden 1954 unter Dwight D. Eisenhower hinzugefügt. Der Präsident, der sich gerade als Presbyterianer hatte taufen lassen, verfügte am 14. Juni 1954: »Von diesem Tag an werden die Millionen unserer Schulkinder täglich in jeder Stadt, jedem Dorf und jedem ländlichen Schulhaus die Hingabe unserer Nation und unseres Volkes für den Allmächtigen verkünden. Auf diese Weise bekräftigen wir die Transzendenz des religiösen Glaubens im Erbe und der Zukunft Amerikas. Auf diese Weise werden wir ständig jene geistigen Waffen stärken, die für immer die mächtigsten Ressourcen unseres Landes sein werden, in Frieden oder im Krieg.«

In den 1940er Jahren klagten Zeugen Jehovas vor Gericht gegen den Treueschwur, da ihre Religion ihnen solche Rituale verbietet. Sie hatten ihre Grundschulkinder angewiesen, weder die Fahne zu grüßen, noch den Spruch aufzusagen, woraufhin die Kinder von der Schule verwiesen worden waren. Die Familien zogen vor Gericht und bekamen Recht. Die Schulen gingen in Berufung. Letztendlich entschied der Oberste Gerichtshof unter Richter Robert H. Jackson, dem späteren Hauptanklagevertreter der USA bei den Nürnberger Prozessen, dass es für öffentliche Schulen verfassungswidrig sei, Schüler zum Fahneneid zu zwingen. »Wenn es in unserer konstitutionellen Konstellation einen Fixstern gibt, dann den, dass kein hoher oder kleiner Beamter vorschreiben kann, was in Politik, Nationalismus, Religion oder anderen Ansichten orthodox sein soll, oder die Bürger dazu zwingen, ihren Glauben durch Worte oder Taten zu bekennen.« Nichtsdestotrotz wird das Gesetz bis heute von einigen Staaten und Städten ignoriert, und immer wieder ziehen Eltern deshalb vor Gericht.

Aber

Im Jahr 2006 forderte Präsident George W. Bush die Amerikaner dazu auf, über die Worte des Treueschwurs nachzudenken, »die Millionen von Amerikanern leiten, die Segnungen des Schöpfers anzuerkennen und ihm für sein großes Geschenk der Freiheit zu danken«. Kurz danach führte das Repräsentantenhaus den *Pledge Protection Act of 2007* ein, der jedem Gericht die Zuständigkeit verweigerte, »Fragen im Zusammenhang mit der Auslegung oder der Gültigkeit des *Pledge of Allegiance* gemäß der Verfassung anzuhören oder zu entscheiden«. Das Gesetz wurde nie verabschiedet, aber es ist ein interessantes Beispiel dafür, dass die Regierung ihre Macht einsetzt, um eine Tradition zu verteidigen, die für verschiedene Amerikaner unbestreitbar unterschiedliche Bedeutungen hat.

IN DEN USA KANN DER GANG ZUM BRIEFKASTEN GEFÄHRLICH WERDEN

» *illed While Getting Mail*« lautet hin und wieder eine Schlagzeile in Lokalzeitungen landesweit. Meldungen wie »Frau am Mittwochmorgen auf dem Weg zu ihrem Briefkasten von Auto getötet« und »Mann von Auto überfahren, als er die Straße zu seinem Briefkasten überqueren wollte« liest man immer wieder. Aber nicht nur vor Autos muss man sich in Acht nehmen, auch vor Helikoptern, die plötzlich vom Himmel fallen: »*Youth killed by a helicopter while getting his mail – a 23 year old college student was killed when a crashing helicopter struck and dragged him as he was walking to his mailbox*«, oder vor frei herumlaufenden Kampfhunden: »Frau von Pitbullhunden zu Tode gebissen, als sie ihre Post holen wollte.«

Außerhalb der Stadtzentren, in den Wohngegenden und auf dem Land stehen die Briefkästen vor dem Haus am Straßenrand, manchmal auch auf der gegenüberliegenden Seite, wenn es sich um eine Einbahnstraße handelt. Das ist für den Briefträger zwar sehr praktisch, da er so in den kilometerlangen Straßen nicht von Haus zu Haus laufen muss, sondern die Post vom Auto aus in die Briefkästen stecken kann – zu Fuß wären diese Strecken gar nicht zu bewältigen. Für die Bewohner ist es aber alles andere als praktisch, denn bei Wind und Wetter hat man auf den Gang zum Briefkasten, vor allem wenn er sehr weit vom Haus entfernt steht, keine Lust. Fährt man durch ländliche Gegenden im Mittleren Westen, sieht man sehr oft Briefkästen am Straßenrand, jedoch weit und breit keine Häuser stehen.

»Der Mörder lauerte im dunklen Tann!«, sagte ich zu Pat, als wir in den Norden Michigans unterwegs waren und an zahlreichen einsamen Briefkästen vorbeifuhren, deren zugehörige Häuser gut eine Meile entfernt vom Wald versteckt auf einem Hügel standen. »In den Wohngegenden wirst du beim Postholen von Autos, Hunden und Helikoptern getötet, da kann es hier in der Einöde doch passieren, dass dir hinter irgendeinem Baum ein Unhold auflauert!«

»Nein, hier triffst du eher auf Schwarzbären«, antwortete er.

»Gut, dann eben: Auf dem Weg zum Briefkasten von hungrigem Schwarzbären zerfleischt!« Allein durch einen dunklen Wald zum Briefkasten zu marschieren stellte ich mir nicht so angenehm vor, Schwarzbär hin oder her.

Unser Briefkasten in East Grand Rapids, der in Sichtweite vom Haus etwas *downhill* an der Straße lag, war im Winter sehr gut mit Langlaufskiern oder Snowboard zu erreichen. Man musste nur aufpassen, dass man vorzeitig abbremste ... ansonsten hätte die nächste Schlagzeile in den *Grand Rapids*

News lauten können: »*German injured in accident while snowboarding to her mailbox!*«

Aber

Der Gang zum Briefkasten ist für manche Amerikaner die einzige Gelegenheit am Tag, ein paar Meter an der frischen Luft zu gehen, es sei denn, sie halten beim Nachhausekommen mit dem Auto am Briefkasten an, lassen das Fenster herunter und ziehen die Post aus dem Briefkasten.

BEN & JERRY'S HABEN IN DEN USA IHREN EIGENEN FRIEDHOF

Im Land der in vielerlei Hinsicht unbegrenzten Möglichkeiten ist das Leben für manche Eiscremesorten sehr begrenzt. Um sie nicht in Vergessenheit geraten zu lassen, hat die Firma Ben & Jerry's 1997 mit dem Flavor Graveyard einen Friedhof für ihre aussortierten Geschmacksrichtungen errichtet. Dort hat jede der über 30 »beerdigten« Eiscremesorte ihren eigenen Grabstein, den eine Eiswaffel mit Engelsflügeln ziert. Die Inschrift besteht aus Namen und Beschreibung der verblichenen Sorte, Geburts- und Todesjahr sowie einem lustigen Vierzeiler wie jener der kurzlebigen Sorte Peanut Butter and Jelly (1989–1990): »Die zwei sind unschlagbar, ein ganz tolles Paar. Aber im Hörnchen zum Schlecken dann doch nicht so wunderbar.«

Dem Schokoladeneis Dastardly Mash mit Pekannüssen, Mandeln, Rosinen und Schoko-Chips, das immerhin von 1979 bis 1991 im Sortiment war, sind die Worte »Dastardly ruht hier, doch in den Ruinen findet man noch immer Rosinen« gewidmet. Die kurzlebigste Sorte, die hier begraben liegt, ist das Vanilleeises Economic Crunch, das es 1987 nur ganz kurz gab – der Grabstein erinnert an den Börsencrash am 6. November des Jahres.

Die letzte Ruhestätte der Eissorten, die anfangs eigentlich als reiner Online-Friedhof gedacht war, liegt auf einem Hügel auf dem Gelände von Ben & Jerry's in Waterbury im Bundesstaat Vermont. Eine viertel Million Besucher kommen jährlich auf den Friedhof, um ihre verblichenen Lieblingssorten zu betrauern. Die einen legen Blumen an den Grabstein, andere gedenken ihrer kniend vor dem Grab.

Die Anfänge des beliebten Eisherstellers sind bescheiden. Unzufrieden in ihren Jobs wollten die beiden Schulfreunde Ben Cohen und Jerry Greenfield eigentlich einen Bagel-Shop eröffnen. Sie überlegten es sich anders und belegten für fünf Dollar an der Penn State University einen Fernkurs zur Herstellung von Eiscreme. In den Wochen danach experimentierten sie mit Eiscremesorten und mischten aufgrund von Bens mangelndem Geschmackssinn große Schoko-, Frucht- und Candy-Stücke bei, sodass er sich auf Mundgefühl und Textur konzentrieren konnte – wenig später wurden sie zum Markenzeichen von Ben & Jerry's. 1978 eröffneten die beiden mit 12.000 Dollar Startkapital ihren ersten Eiscreme-Shop in einer umgebauten Tankstelle in Burlington, Vermont. Drei Jahre später verlagerten sie die Produktion in eine alte Mühle, wo das Eis erstmals zum Verkauf in Läden und Supermärkten abgepackt wurde. Bald war Ben & Jerry's im ganzen Land bekannt. Im August 2000 verkauften Cohen und Greenfield das

Unternehmen für über 320 Millionen Dollar an den niederländisch-britischen Konzern Unilever und sind seitdem Markenbotschafter für Ben & Jerry's.

WER IN DEN USA HAT, DER GIBT

»Wer reich stirbt, der stirbt in Schande«, schrieb Stahlmagnat Andrew Carnegie 1890 in seinem Essay *Evangelium des Reichtums (The Gospel of Wealth).*

Der in Schottland geborene Carnegie, der als Kind mit seinen mittellosen Eltern in die USA kam und schon als Dreizehnjähriger in die Arbeitswelt einstieg, verfasste gerne Memos an sich selbst. In einem schrieb er: »Die Anhäufung von Reichtum ist eine der schlimmsten Arten des Götzendienstes. Kein Idol ist erniedrigender als die Verehrung von Geld.« In einem anderen kommt er zu folgender Ansicht: »Der Mensch lebt nicht nur vom Brot. Ich habe Millionäre gekannt, die hungern, weil ihnen *die* Nahrung fehlt, die allein alles Menschliche im Menschen nähren kann, und ich kenne Arbeiter und viele sogenannte arme Männer, die Luxus genießen, den die Millionäre nicht erreichen können. Es ist der Geist, der den Körper reich macht. Es gibt keine erbärmlichere Klasse als die, die nur Geld und sonst nichts besitzt.« Reiche, die mit ihrem Reichtum prassen, verachtet er ebenso wie Faule und Schmarotzer.

Der Presbyterianer, der durch Stahl reich wurde, spendete Zeit seines Lebens 350 Millionen Dollar, nach heutigem Wert mehrere Milliarden. Unter anderem ließ er im ganzen Land 3.000 öffentliche Bibliotheken sowie in New York die legendäre Carnegie Hall errichten, spendete Orgeln an 9.000 Kirchen, finanzierte Bildungseinrichtungen in den USA und seinem Geburtsland Schottland und gab Unmengen an Geld für Wissenschaft und Forschung.

In seinem *Evangelium des Reichtums*, einem Plädoyer für Philanthropie, bringt er seine Überzeugung zum Ausdruck, dass die Wohlhabenden ihren Reichtum zur Bereicherung der Gesellschaft nutzen sollten.

»Wer reich stirbt, der stirbt in Schande.« Das wollte der Zeitgenosse Carnegies, John D. Rockefeller, keineswegs, und um ihn zu übertrumpfen, gründete er 1913 die Rockefeller Foundation, um »das Wohl der Menschheit auf der ganzen Welt« zu fördern. Bis zu seinem Tod 1937 steckte er 450 Millionen Dollar in die Stiftung. Microsoft-Gründer Bill Gates, der Carnegie und Rockefeller seine Vorbilder nennt, hat die beiden in Sachen Spenden längst überholt. Börsengenie Warren Buffett, in den Top 5 der reichsten Menschen der Welt der Welt, liegt knapp hinter Gates, und auch die Selfmade-Milliardärin Oprah Winfrey hat sich den Satz »Wer gibt, dem wird gegeben« zu eigen gemacht und spendet, was das Zeug hält. Mit ihrer Oprah Winfrey Charitable Foundation hat sie seit 1993 über 400 Millionen Dollar gespendet. Sie unterstützt vor allem weltweite Projekte für Frauen und Mädchen.

Bill Gates und Warren Buffett starteten 2010 mit der philanthropischen Kampagne The Giving Pledge den Versuch, die reichsten Menschen Amerikas und der Welt dazu zu bewegen, den Großteil ihres Reichtums für wohltätige Zwecke zu spenden. Inspiriert dazu wurden die beiden Wohltäter von Carnegies Essay. Bis Jahresende versprachen 57 amerikanische Milliardäre, die Hälfte ihres Vermögens zu spenden, darunter Michael Bloomberg, George Lucas und Mark Zuckerberg. Ende 2021 zählte die Initiative 231 Milliardäre aus 28 Ländern.

In den USA werden jährlich über 400 Milliarden Dollar gespendet. Dass die Amerikaner so spendenfreudig sind, liegt zum Teil daran, dass das Land von der protestantischen Ethik geprägt ist – wer es zu Wohlstand gebracht hat, fühlt sich verpflichtet, einen Teil seines Reichtums an die Allgemeinheit zurückzugeben. Ein Großteil der Spenden fließt in Bildung, Kultur, Krankenhäuser, soziale Zwecke und in die Subventionierung von Museen und Theatern, denn anders als in vielen europäischen Ländern ist das in den USA nicht Sache des Staates.

Harte Fakten

Gäbe es nicht so viele spendenfreudige Menschen in den USA, sähe es in der kulturellen Landschaft recht düster aus. Anders als in Deutschland, wo Kulturförderung als staatliche Aufgabe gesehen wird, ist sie in den USA Angelegenheit der Bürger. Ob Unternehmer, Banker oder Filmstar: Keiner, der über Reichtum verfügt, kann es sich deshalb leisten, sich nicht philanthropisch zu betätigen.

KEIN AMERIKANER, EIN SCHWABE HAT HOLLYWOOD ERFUNDEN

Die Karriere von Carl Laemmle (1867–1939) aus dem oberschwäbischen Laupheim, der 1884 als 17-Jähriger in die USA auswanderte, begann spät. Nach Jahren als Laufbursche, Buchhalter und Geschäftsführer einer Textilfirma, für die er neue Werbetechniken ersann, machte er sich 1906 in Chicago mit einem Nickelodeon, einem 5-Cent-Kino, und einem Filmverleih selbstständig. Das Geschäft des fleißigen Schwaben boomte, und bald konnte er 50 Kinos sein Eigen nennen. Die Lichtspieltheater der Stummfilmzeit waren bestuhlte Vorführräume, in denen man für einen Nickel (eine Fünf-Cent-Münze) Filme gucken durfte. 1908 avancierte Laemmles Firma zum größten Filmverleih der USA. Auf Anzeigen warb er mit seinem Konterfei und dem

Slogan »*I Am The Moving Picture Man*«. Wenig später zog er nach New York und gründete mit der Independent Motion Picture Company (IMP) seine erste Filmproduktion. Der Regisseur Thomas Harper Ince, einer der Pioniere der Filmgeschichte, drehte im Studio der IMP 1911 seinen ersten Film. Anders als seine Konkurrenz in der Filmindustrie, die Schauspieler ohne Namensnennung einsetzte, benannte der Schwabe seine »Stars«, zu denen Mary Pickford gehörte, die nur wenige Jahre später zu Hollywoods erstem Megastar wurde.

1912 fusionierte die IMP mit fünf anderen Studios zur Universal Film Manufacturing Company, heute Universal Studios, mit Laemmle als CEO. Wie viele Filmstudios in den Anfangstagen der Filmindustrie hatte das Studio seinen Sitz in Fort Lee, New Jersey. Drei Jahre später verlegte der schwäbische Selfmademan Universal nach Kalifornien. Dort waren das Wetter besser und die Löhne niedriger als an der Ostküste. Er kaufte eine Farm in einem Örtchen namens Hollywood, baute auf dem Gelände eine Filmstadt mit allem Drum und Dran: Universal City, und machte aus dem unbekannten Hollywood einen Ort, an dem Träume entstehen.

Unter seiner Ägide entstanden in den 1920er und 30er Jahren Filme wie *Der Glöckner von Notre Dame*, *Dracula*, *Frankenstein*, *Die Mumie*, *Der Unsichtbare* und *Show Boat*. Insgesamt produzierte Laemmle rund 1.600 Filme. Für die Verfilmung des Romans *Im Westen nichts Neues* von Erich Maria Remarque wurde ihm 1930 ein Oscar verliehen.

Laemmle starb 1939 in seinem Haus in Beverly Hills infolge von gleich drei Herzinfarkten an einem Tag. Bis zu seinem Tod galt er als der König von Hollywood.

Aber

Der berühmte Hollywood-Schriftzug auf den Hügeln über dem Ort hatte ursprünglich nichts mit der Filmindustrie zu tun. Die Buchstaben wurden 1923 als »Hollywoodland« im Auftrag des Immobilienentwicklers und Verlegers der *Los Angeles Times* Harry Chandler errichtet und sollten für den Kauf von Grundstücken werben. 1949 wurden die letzten vier Buchstaben entfernt. Seitdem ist der Schriftzug mit den gigantischen Buchstaben ein Synonym für die Filmindustrie.

DIE LIBRARY OF CONGRESS ARCHIVIERT ALLE TWEETS, DIE IN DEN USA ABGESETZT WERDEN

24
Twitter

Die öffentlich zugängliche Forschungsbibliothek des US-Kongresses ist mit knapp 39 Millionen Büchern und über 70 Millionen Handschriften die größte Bibliothek der Welt. Und weltweit die einzige, die Twitter-Kurznachrichten archiviert. Der Mikroblogging-Dienst unterzeichnete im April 2010 einen Vertrag mit der Bibliothek, der ihr rückwirkend Zugang zu den Tweets seit dem Jahr 2006 verschaffte.

Seit Februar 2011 sammelte die Bibliothek sämtliche öffentliche Tweets, die seit der Gründung von Twitter täglich in den USA getweetet wurden in der Überzeugung, dass jede der Minibotschaften einen kleinen, aber wichtigen Teil der nationalen Erzählung widerspiegelt. Zwei Jahre später hatte die altehrwürdige Institution bereits über 170 Milliarden

Kurznachrichten gesammelt, Zahlen nannte die Bibliothek seitdem nicht mehr.

»Das Sammeln der 140 Zeichen langen Mikrobotschaften steht im Einklang mit dem Hauptziel der Bibliothek, die Geschichte Amerikas zu sammeln und Sammlungen zu erwerben, die einen Forschungswert haben. Das Twitter-Archiv könnte sich als eines der wichtigsten Vermächtnisse dieser Generation für zukünftige Generationen erweisen«, sagte die damalige Kommunikationsdirektorin Gayle Osterberg 2013.

Gelöschte oder gesperrte Tweets gehören nicht zu den von der Kongressbibliothek gesammelten. Zu den Kurznachrichten, die für die Nachwelt aufbewahrt werden sollen, gehören die ersten Tweets, die von einem der Gründer des Unternehmens, Jack Dorsey, gesendet wurden. Ebenfalls für alle Zeiten gespeichert ist ein berühmter Tweet von Präsident Barack Obama nach seinem historischen Sieg im November 2008: »*We just made history. All of this happened because you gave your time, talent and passion. All this happened because of you. Thanks.*«

Im Gegensatz zu herkömmlichen gebundenen Büchern oder digitalen Webseiten bestand die eigentliche Herausforderung bei der Aufbewahrung von Tweets darin, mit ihrer Zahl Schritt zu halten. Im Februar 2011 wurden täglich 140 Millionen Tweets gesendet, bis Oktober 2012 jedoch mehr als dreimal so viele. Die Tweets der Library of Congress wurden von Gnip gespeichert, einem Social-Media-Aggregationsunternehmen mit Hauptsitz in Boulder, Colorado, das mehr als 133.000 Gigabyte Speicherplatz zur Verfügung stellte. Gnip wurde 2014 von Twitter aufgekauft, der Kurznachrichtendienst übernahm das Team.

Laut Gnip war es eine besondere Herausforderung, Tweets zu »Spitzenzeiten« zu sammeln, wie beispielsweise die Nachrichten nach dem Megabeben und dem Tsunami im März 2011 in Japan, die mehrere Tausend Tweets pro Sekunde erzeugten. Es erwies sich für Gnip als Herkulesarbeit, Tweets allen zugänglich zu machen, die sie ansehen wollten. Bisher konnte das Unternehmen den Anforderungen von Forschern weltweit nicht gerecht werden, die auf Zugang zum Archiv hoffen. Selbst eine Suche in den ersten vier Jahren der Tweets von 2006 bis 2010 kann etwa 24 Stunden dauern. Deshalb bleibt die Twitter-Sammlung gesperrt, bis Zugriffsprobleme auf kostengünstige und nachhaltige Weise gelöst werden können.

Aber

Im Dezember 2017 teilte die Bibliothek mit, dass sie fortan nur noch Tweets sammelt, die sie für historisch wichtig hält. Mit ziemlicher Sicherheit werden die Kurznachrichten eines gewissen twitterfreudigen Ex-Präsidenten darunter sein und für die Nachwelt festgehalten.

UNCLE SAM WAR MAL EIN ETIKETT DER U.S. ARMY

Jeder kennt Uncle Sam. Er ist seit über hundert Jahren der berühmteste Onkel der Welt. Seit 1917 schreit sein Konterfei mit erhobenem Zeigefinger »*I want you for U.S. Army*« von Postern. Der finstere, spitzbärtige Uncle Sam ist nicht real. Er ist die Personifizierung der amerikanischen Regierung.

Hinter dem Poster steckt der New Yorker Illustrator und Zeichner James Montgomery Flagg, der seinerzeit für alle namhaften Medien arbeitete und auf dem Höhepunkt seiner Karriere als bestbezahlter Zeitschriftenillustrator der USA galt. Mit *I want you* schuf er sein berühmtestes Werk. Flagg hatte das Bild im Juli 1916 ursprünglich mit der Überschrift »*What Are You Doing For Preparedness*« für das Titelbild der Zeitschrift *Leslie's Illustrated Newspaper* gezeichnet. Dass die

US-Armee es im Jahr darauf als Rekrutierungsplakat während des Ersten Weltkrieges nutzen würde, damit hatte er nicht gerechnet. Über vier Millionen Exemplare wurden gedruckt. Für den Zweiten Weltkrieg wurde das Plakat wiederbelebt.

Der Spitzname Uncle Sam wurde der US-Regierung bereits im Jahrhundert zuvor verpasst. Während des Amerikanisch-Britischen Krieges 1812 lieferte der Hersteller von Fleischkonserven Samuel Wilson aus Troy, New York, Rindfleischfässer an die US-Armee. Er drückte den Fässern das Etikett »U.S.« auf, um sie als Regierungseigentum zu kennzeichnen. Mit Bezug auf den Lieferanten (Samuel = Sam) nannten die Soldaten das Rindfleisch scherzhaft »Uncle Sam's«, und die Regierung hatte 1813 ihren Spitznamen weg. Ein Gesicht bekam Uncle Sam ein paar Jahrzehnte später von dem politischen Karikaturisten Thomas Nast, der heute als der Vater des amerikanischen Cartoons gilt.

Seine Karriere begann mit 15 Jahren 1855 bei der Zeitschrift *Leslie's Illustrated Newspaper*. Uncle Sam mit weißem Bart, der rot-weiß gestreiften Hose und dem Zylinder, die heute mit der Figur verbunden sind, zeichnete Nast in den 1870er Jahren. Dem in Deutschland geborenen Nast wird neben Uncle Sam die Schaffung des modernen Bildes des Weihnachtsmanns sowie die Entwicklung des Esels als Symbol für die Demokratische Partei und des Elefanten als Symbol für die Republikaner zugeschrieben.

James Montgomery Flaggs Version, in der Uncle Sam einen hohen Zylinder und eine blaue Jacke trägt und geradeaus auf den Betrachter zeigt, ist bis heute weltweit die bekannteste. Im September 1961 erkannte die amerikanische Regierung Samuel Wilson als den »Vorfahren von Amerikas Nationalsymbol Uncle Sam« an. Wilsons Heimatstadt Troy nennt sich »The Home of Uncle Sam«.

DIE AMERIKANISCHE MAFIA LEBT IN NEW JERSEY

M afia-Boss Tony Soprano hat es nicht leicht. Sein Onkel Junior macht ihm den Posten streitig, er hat Ärger mit rivalisierenden Banden, dem eigenen DiMeo-Clan, und daheim hängt der Haussegen schief. Als die Probleme überhandnehmen und Tony immer öfter von Panikattacken geplagt wird, begibt er sich klammheimlich in Psychotherapie zu Dr. Jennifer Melfi. Das darf keinesfalls herauskommen, da er in Mafiakreisen sonst als Schwächling dastehen würde.

Tony ist eine Fernsehfigur und entstammt der Feder des italo-amerikanischen Drehbuchautors David Chase, dessen Vater lange vor seiner Geburt den italienischen Nachnamen DeCesare in Chase ändern ließ. Im Januar 1999 lief die erste Folge der in den USA mittlerweile zum Kult gewordenen

Krimiserie *The Sopranos* über die Bildschirme. Die Serie aus sechs Staffeln mit 86 Episoden wurde mit 21 Emmys und fünf Golden Globes ausgezeichnet und von der Writers Guild of America (der Gewerkschaft der Autoren in der Film- und Fernsehindustrie) auf Platz 1 der *101 Best Written TV Series* gewählt. In Deutschland wurde die Serie schon nach den ersten drei Staffeln mangels Zuschauerinteresse wieder eingestellt. Leider gehen in der deutschen Synchronisation Wortspiele und Pointen verloren und vor allem der typische Italo-New-Jersey-Slang. *»Whadayagunnado«* und *»fuggedaboudid«* klingen aus Tonys Mund doch gleich ganz anders als »Was wirst du tun?« und »Vergiss es!« im Deutschen. Der viel zu früh verstorbene Schauspieler James Gandolfini, dem die Rolle wie auf den Leib geschnitten war, wurde 2014 als bester Drama-Darsteller in der amerikanischen Fernsehgeschichte in die New Jersey Hall of Fame aufgenommen.

Inspiration für die fiktive Figur des Tony Soprano soll der Gangster Vincent Palermo gewesen sein, einst Boss des DeCavalcante-Clans in New Jersey und, um einer langen Gefängnisstrafe zu entgehen, 1998 FBI-Informant und im Jahr darauf Kronzeuge der Regierung. Heute lebt er in Texas. Der DeCavalcante-Clan geht auf Sam DeCavalcante (1912–1997) zurück, der unter dem Deckmantel eines Sanitärbetriebs in Kenilworth, New Jersey, der Schutzgelderpressung und dem illegalen Glücksspiel nachging. Zwischen 1999 und 2005 kam es zu zahlreichen Verhaftungen, und von der »Familie« war nicht mehr viel übrig. Nach der »Ausdünnung« des DeCavalcante-Clans übernahmen die New Yorker Five Families einen Großteil der Geschäfte im Norden New Jerseys. Zu den fünf gehören die Mafia-Familien Bonano, Colombo, Gambino, Genovese und Lucchese. Boss des geschrumpften DeCavalcante-Clans, der nur noch aus wenigen Mitgliedern besteht,

Warum Sie
IMMER
wieder in die
USA
reisen sollten

1   weil in den USA eine **Vielfalt** wie keinem anderen Land der Welt herrscht,

2   weil die Amerikaner die **freundlichsten Menschen der Welt** sind,

3   weil es in den USA **Städte wie San Francisco** gibt,

4   weil die amerikanischen **Straßen** breiter als sonst wo sind,

5   weil es in den USA die **größten und süßesten Blaubeeren** gibt,

6   weil die **Natur** in den USA einzigartig ist,

7   weil die Amerikaner so **offen** sind,

8   weil es in den USA die **Route 66** gibt,

9   weil es in amerikanischen Kinos **salziges Popcorn** gibt,

10 weil man in den USA auch **nachts um 3 im Supermarkt** einkaufen kann,

11 weil man in amerikanischen Supermärkten an der Kasse **alles eingepackt** bekommt,

12 weil man auf amerikanischen Highways **mit Billboards unterhalten** wird,

13 weil in den USA die **Parklücken so groß** sind,

14 weil sich in den USA jeder **mit Vornamen anspricht**,

15 weil die **Umkleidekabinen** in amerikanischen Bekleidungsläden gigantisch groß sind,

16 weil es in Michigan **über 10.000 Seen** gibt,

17 weil ein **Football-Spiel** in einem US-Stadion ein riesengroßes Showspektakel ist,

18 weil es in den USA **Drive-ins** gibt,

19 weil es in den USA **Drive-through-Geldautomaten** gibt,

20 weil die **Portionen in amerikanischen Restaurants** riesig sind,

21 weil der **Sandstrand** in Amerikas drittgrößter Stadt Chicago **mitten in der City** liegt,

22 weil es in den USA Naturwunder wie den **Grand Canyon** gibt,

23 weil man in den USA auch **Cent-Beträge mit Kreditkarte zahlen** kann,

24 weil in vielen Orten der USA der **Ozean direkt vor der Haustür** liegt,

25 weil einem in den USA **Wildfremde spontan Komplimente** über alles Mögliche machen,

26 weil es in den USA **einfach ist, Ausländer zu sein,**

27 weil es an der Ostküste der USA den schönsten **Indian Summer** der Welt gibt,

28 weil man in den amerikanischen Nationalparks auf **Abenteuerreise** gehen kann,

29 weil die USA so **groß und weit und unendlich** sind,

30 weil es von manchen US-Staaten nur ein **Katzensprung nach Kanada und Mexiko** ist,

31 weil in den US-Südstaaten **frische Erdnüsse am Straßenrand** verkauft werden,

32 weil die Amerikaner auch ihren **Eiscremesorten einen Friedhof** geben,

33 wie es in Kentucky einen **Bourbon-Trail** gibt,

34 weil Kaffee und Wasser in Restaurants **kostenlos nachgeschenkt** werden,

35 weil es in den USA die Biosupermarktkette **Whole Foods** gibt,

36 weil es in der Gegend um die Stadt Traverse City fast **4 Millionen Kirschbäume** gibt,

37 weil der **Kunde** in amerikanischen Läden und Restaurants **König** ist,

38 weil die Amerikaner **(fast) immer gut drauf** sind,

39 weil man in den amerikanischen **Drugstores** einfach alles bekommt,

40 weil die USA ein **Schmelztiegel verschiedener Kulturen** sind,

41 weil man in den USA **billig einkaufen** kann,

42 weil es in Chicago die besten **Blues-Clubs** gibt,

43 weil es in den USA für alles Mögliche eine **Hall of Fame** gibt,

44 weil in Kalifornien ein **Weinparadies** liegt,

45 weil es in den USA die originellsten **Baseballkappen** gibt,

46 weil die **Pizza** in der Ostküstenmetropole New York fast besser schmeckt als in Italien,

47 weil die Amerikaner **niemanden schräg angucken**,

48 weil die Amerikaner so **begeisterungsfreudig** sind,

49 weil es in den USA bisweilen auch **sympathische Präsidenten** gibt,

50 weil man in den USA auch **auf Gleisen in fünf Tagen von der Ost- zur Westküste** reisen kann,

51 weil es im US-Staat Illinois seit 1904 im Sommer das **Ravinia Festival** gibt,

52 weil die Amerikaner die **hilfsbereitesten Menschen der Welt** sind,

53 weil amerikanische **Großstädte** nie schlafen,

54 weil die amerikanische **Küche so vielfältig** ist,

55 weil in den USA **nichts unmöglich** ist.

ist seit 2016 Charles Majuri (*1940), sein Stellvertreter Joseph »Joe the Old Man« Miranda (*1925), der trotz seines hohen Alters die Geschäfte führt. Das dritte Führungsmitglied des Clans, Consigliere Frank Nigro, sitzt seit 2015 im Gefängnis, soll aber auch nicht mehr der Jüngste sein.

In New Jersey agiert heute hauptsächlich die Jersey Crew, die aus fünf Gruppen der Five Families besteht, darunter der Lucchese- und Genovese-Clan. Gründer der letzteren war der berüchtigte Lucky Luciano.

An der Spitze der Pyramide einer Mafia-Familie steht der Boss, der auch gerne Don genannt wird. Nummer zwei ist der Underboss, meistens der Sohn oder Neffe, der eines Tages zum Nachfolger erkoren wird. Der dritte Mann in der Familie ist der Consigliere, der dem Boss als Berater und Vertrauter zur Seite steht. Unter den dreien steht der Capo, der wiederum den niedrigsten Mitgliedern des Clans, den *soldiers* (Soldaten) Befehle erteilt. Jede Gruppe einer Mafia-Familie hat ihren eigenen Capo. Die Soldaten sind das ausführende Organ der Familie – sie bedrohen, erpressen, foltern, morden und prügeln im Auftrag des Clans und treiben Schutzgelder ein, die wiederum der Capo erhält. Ihrerseits können sie mit sogenannten *associates*, Handlangern (z. B. Drogendealern, Buchhaltern, korrupten Polizisten), ihre eigenen kleinen Gruppen aufbauen, an die sie Befehle erteilen. Ein *associate* gehört nicht zur Familie, kann aber zum Soldaten aufsteigen. Bei den Sopranos ist es Tonys Neffe Christopher Moltisanti, der erst vom *associate* zum Soldaten und dann zum Capo aufsteigt.

Die Clans sind längst nicht mehr so mächtig, wie sie es einmal waren, denn legalisierte Sportwetten und ein hartes Durchgreifen gegen Opioide haben ihren traditionellen Cash-flow stark beeinträchtigt. Anklagen von US-Bundesgerichten, lange Haftstrafen und Gangster, die ausstiegen und sich als Kronzeugen zur Verfügung stellten, um der Strafverfolgung zu entgehen, haben die Hierarchie stark dezimiert. Das United States Federal Witness Protection Program sicherte den Abtrünnigen Immunität und komplett neue Identitäten zu. Davon machten zahlreiche Clan-Mitglieder Gebrauch – vor allem solche, die in Ungnade gefallen waren und jederzeit mit ihrem Ableben rechnen mussten.

Harte Fakten

Laut FBI gibt es in den Ostküstenstaaten New Jersey, New York und Philadelphia über 3.000 aktive Mafia-Mitglieder.

EIN MANN AUS ANGOLA WURDE ZUM ERSTEN SCHWARZEN SKLAVENBESITZER DER USA

27

Sklaverei

Ein junger Mann geriet 1621 in Angola in die Hände von Sklavenhändlern, die ihn auf ein Schiff in die USA verfrachteten. Sie kannten seinen Namen nicht, fragten ihn auch nicht danach, da sie seiner Sprache nicht mächtig waren, und nannten ihn kurzerhand Antonio. Sie verkauften ihn als Knecht an einen Kolonisten in Virginia, der ihn auf seiner Tabakplantage schuften ließ. Sklavengesetze wurden in Virginia erst 1661 verabschiedet, und Afrikaner wurden vor diesem Datum offiziell nicht als Sklaven angesehen. Man nannte sie ebenso wie weiße Arbeiter, die mittellos ins Land gekommen waren, *indentured servants* (Schuldknechte). Sie arbeiteten in der Regel vier bis sieben Jahre lang unter einem befristeten *indenture*-Vertrag, um ihre Schulden für die (bei den Afrikanern nicht freiwillige) Schiffspassage, Unterkunft, Verpflegung und Freiheit abzustottern. In den frühen Kolonialjahren wurden die meisten Afrikaner in den dreizehn Kolonien unter solchen Verträgen in zeitlich begrenzter Knechtschaft festgehalten. Nach der vertraglich vereinbarten Frist wurden sie freigelassen, wobei viele nach Ablauf ihrer Verträge Land und Ausrüstung erhielten oder aufgekauft wurden.

Bei einem Indianerüberfall 1622 wäre Antonio fast ums Leben gekommen. Um die Kolonisten von ihrem Land zu vertreiben, griffen die Powhatan-Indianer die Siedlung an, in der Johnson arbeitete, und töteten 52 der 57 Männer. Im folgenden Jahr kam die Afrikanerin Mary auf die Plantage, Antonios spätere Ehefrau. Die beiden erfüllten ihren Vertrag in den 1640er Jahren und erlangten ihre Freiheit. Antonio bekam von der Kolonialregierung ein großes Stück Ackerland und änderte seinen Namen in Anthony Johnson. 1651 erwarb er 100 Hektar Land im Rahmen des *headright*-Systems. Das System funktionierte so, dass auswanderungswilligen Arbeitern die Schiffspassage nach Amerika bezahlt wurde, wenn sie im Gegenzug dafür in der Neuen Welt fünf bis sieben Jahre Land bearbeiteten. Danach konnten die Freigewordenen selbst Land erwerben oder ein *headright* übernehmen. Wer die Überfahrt eines »Auswanderungswilligen« bezahlte, erwarb sich dadurch den Anspruch auf 20 Hektar Land, das von den Auswanderern für ihn bearbeitet wurde. Johnson kam so in den Besitz von fünf Schuldknechten, vier weißen Europäern und einem Afrikaner, mit denen er seine eigene Tabakplantage betrieb.

Im Jahr 1653 trat der Afrikaner John Casor, dessen *indenture*-Vertrag Johnson offenbar in den frühen 1640er Jahren erworben hatte, an einen gewissen Captain Goldsmith heran und behauptete, sein Vertrag sei sieben Jahre zuvor abgelaufen und er werde illegal von Johnson festgehalten. Ein Nachbar, Robert Parker, intervenierte und überredete Johnson, Casor freizulassen. Parker bot Casor Arbeit, woraufhin dieser einen *indenture*-Vertrag unterschrieb. Das passte Johnson nun ganz und gar nicht. Er verklagte Parker und forderte die Rückgabe von Casor. Das Gericht entschied zunächst zugunsten von Parker, doch Johnson legte Berufung ein. 1655 hob das Gericht seine Entscheidung auf, da es der Auffassung war, dass Anthony Johnson John Casor immer noch »besaß«. Dies war der erste Fall einer gerichtlichen Entscheidung in den dreizehn Kolonien, wonach eine Person, die kein Verbrechen begangen hatte, lebenslang in Knechtschaft gehalten werden konnte. Casor war der erste Mensch in Amerika, der in einem Zivilverfahren zum Sklaven erklärt wurde.

Johnson wusste, dass die örtlichen Richter seinen Grundglauben an die Heiligkeit des Eigentums teilten. Der Richter war auf der Seite von Johnson, obwohl in zukünftigen rechtlichen Fragen die Hautfarbe eine größere Rolle spielte. In jenen Jahren genossen freie Schwarze »relative Gleichheit« mit der weißen Gemeinschaft. Bis 1665 wurde Rassismus jedoch immer häufiger. 1662 verabschiedete Virginia ein Gesetz, wonach Kinder in der Kolonie mit dem sozialen Status ihrer Mutter nach dem römischen Prinzip des *partus sequitur ventrem* geboren wurden. Dies bedeutete, dass die Kinder von Sklavinnen in die Sklaverei hineingeboren wurden, auch wenn ihre Väter frei, englisch, christlich und weiß waren. Dies war eine Umkehrung des englischen Gewohnheitsrechts, wonach die Kinder englischer Untertanen den Status ihres Vaters annahmen. Afrikaner galten als Ausländer und waren daher keine englischen Untertanen.

Anthony Johnson zog mit seiner Familie nach Somerset County, Maryland, wo er einen Pachtvertrag über 99 Jahre für ein 120 Hektar großes Grundstück aushandelte, das er zur Tabakfarm ausbaute. Als Johnson 1670 im Alter von 70 Jahren starb, ging seine Plantage an einen weißen Kolonisten, nicht an seine Kinder. Ein Richter hatte entschieden, dass Johnson aufgrund seiner Hautfarbe »kein Bürger der Kolonie« war.

Harte Fakten

Mit dem 13. Zusatzartikel zur Verfassung schaffte Präsident Abraham Lincoln am 18. Dezember 1865 die Sklaverei in den USA offiziell ab: »Weder Sklaverei noch Zwangsdienstbarkeit darf, außer als Strafe für ein Verbrechen, dessen die betreffende Person in einem ordentlichen Verfahren für schuldig befunden worden ist, in den Vereinigten Staaten oder in irgendeinem Gebiet unter ihrer Gesetzeshoheit bestehen.«

BIS 1924 WAREN DIE INDIANER KEINE BÜRGER DER USA

Auch wenn sie im eigenen Land lebten, galten die Ureinwohner Amerikas bis zum ersten Viertel des 20. Jahrhunderts als Ausländer, da die US-Regierung die indianischen Stämme als souveräne Nationen behandelte. Erst am 2. Juni 1924 gewährte der Kongress mit dem *Indian Citizenship Act* allen in den USA geborenen Indianern die Staatsbürgerschaft. Was allerdings nicht bedeutete, dass damit auch Bürgerrechte einhergingen. Bis 1957 verweigerten einige Bundesstaaten den „Native Americans" das Wahlrecht.

Die Staatsbürgerschaft wurde seit Ende des Bürgerkrieges 1865 diskutiert. Die Meinung der Amerikaner war gespalten. Die einen lehnten eine Staatsbürgerschaft für die »unzivilisierten Wilden« kategorisch ab, die anderen forderten ihre

Zwangsassimilation. Aber auch die Indianer waren sich in der Sache nicht eins. Viele wollten nicht assimiliert, sondern als Angehörige ihres jeweiligen Stammes anerkannt werden. Andere fürchteten den Verlust ihres Landes und die Auflösung der Stämme. Dann gab es Indianer wie John Elk vom Stamm der Winnebago im Mittleren Westen, die gerne Staatsbürger geworden wären. Elk zog deshalb 1880 vor Gericht und berief sich auf den ersten Abschnitt des vierten Verfassungszusatzes: »Alle Personen, die in den Vereinigten Staaten geboren wurden und daher ihrer Gesetzgebung unterliegen, sind Bürger der Vereinigten Staaten und des Bundesstaates, in dem sie leben.« Das Oberste Bundesgericht wies seine Klage 1884 ab mit der Begründung, dass Elk zwar in den USA geboren worden sei, aber nicht als Staatsbürger gelte, weil er dem Stammesrecht der Winnebago und nicht der Rechtsprechung der Vereinigten Staaten unterworfen sei.

Die indianischen Stämme, die sich innerhalb der territorialen Grenzen der USA befanden, waren streng genommen keine ausländischen Staaten. Dennoch galten sie als fremde Nationen, mit denen sich die Vereinigten Staaten durch Verträge und Bundesgesetze befassten. Die Indianer, so die Auffassung, waren ihren Stämmen zu Treue verpflichtet und gehörten nicht zum Volk der Vereinigten Staaten. Was die US-Regierung aber nicht daran hinderte, den »fremden Nationen« Land wegzunehmen, sie unter Zwang umzusiedeln oder mehrere Stämme in Reservaten zusammenzufassen, was zu internen Konflikten führte, da viele sich untereinander kaum verständigen konnten.

Die einzigen Möglichkeiten für Indianer, die Staatsbürgerschaft zu erlangen, waren die Heirat mit einer Amerikanerin oder einem Amerikaner, Dienst in der Armee oder ab 1887 der Erwerb einer Landparzelle unter dem Landzuweisungsgesetz *(General Allotment Act)*. Das Gesetz, auch unter dem Namen *Dawes Act* bekannt, sah die Aufteilung von Reservatsland in 64 Hektar große Flächen vor, die jedem Familienoberhaupt zur alleinigen Nutzung zugeteilt wurden. Während der ersten 25 Jahre fungierte die Regierung als Treuhänder, danach wurden die Parzellen Eigentum der Indianer – vererben durften sie das Land allerdings nicht. Nach dem Tod des Eigentümers wurde es öffentlich versteigert. Wer die Landbewilligung akzeptierte und sich zudem den Idealen der Amerikaner anpasste oder sich gleich ganz von seinem Stamm trennte, der durfte auf die Staatsbürgerschaft hoffen. Mit der Landzuteilung hatte die Regierung nicht nur die Assimilation ihrer Urbevölkerung im Sinn, sondern auch das nun durch Parzellierung freigewordene Land. Die Indianer verloren zwei Drittel ihrer 55 Millionen Hektar.

Übrigens

Indianerstämme in den Vereinigten Staaten genießen den gesetzlichen Sonderstatus autonomer Nationen mit eigenen Regierungsregeln. In den Reservaten gelten die Bundesgesetze, daneben aber die Gesetze der jeweiligen Stämme. Die Autonomie schließt einen Schutz vor Klagen ein – Stämme können nicht verklagt werden, Individuen schon.

Dennoch bleiben rechtliche Fragen zur Landnutzung und zu den Grenzen der indianischen Souveränität umstritten.

BUFFALO BILL WAR DER ERSTE REALITY-SHOW-STAR DER USA

William Frederick Cody (1846–1917) war ein Tausend-sassa. Mit 14 ließ er sich vom Goldrausch in Colorado anstecken, wenig später war er Reiter des neu gegründeten Postbeförderungsdienstes Pony-Express und mit 17 Kundschafter *(scout)* für die Union im Amerikanischen Bürgerkrieg. Als Bisonjäger versorgte er zwischen 1867 und 1868 die Arbeiter der Kansas Pacific Railway mit Fleisch, und weil er so erfolgreich jagte, wurde ihm der Spitzname Buffalo Bill verpasst. Danach beschäftigte die US-Armee ihn vier Jahre lang als zivilen Scout, wofür er anschließend die Medal of Honor, den höchsten Tapferkeitsorden der USA erhielt. Der ihm übrigens nach seinem Tod wieder aberkannt wurde, da eine Verleihung an einen Zivilisten nicht hätte erfolgen dürfen. Die

Einsicht kam spät. Der Orden wurde ihm von der US-Armee 1989 jedoch erneut zugesprochen. Nach der Schlacht am Little Bighorn 1876 in Montana, die als einer der größten Siege der Indianer gegen die US-Armee in die Geschichte einging, stellte sich Bill Cody der Armee erneut als Kundschafter für einen Rachefeldzug gegen die Indianer zur Verfügung.

Der Journalist und Autor Ned Buntline, der 1869 auf der Suche nach Storys durchs Land zog, traf in Nebraska auf Bill und war von dessen abenteuerlichen Geschichten so fasziniert, dass er beschloss, ein Buch über ihn zu schreiben. Die ersten Geschichten des Fortsetzungsromans *Buffalo Bill, the King of the Border Men* erschienen am 23. Dezember 1869 in der Zeitung *New York Weekly*. Auf Grundlage des Romans verfasste der New Yorker Dramatiker Frank Meader 1872 ein Theaterstück über das Leben Codys, das im damaligen Bowery Theater aufgeführt wurde. Buntline schrieb im selben Jahr das Buffalo-Bill-Stück *Scouts of the Prairie*, in dem sich Cody bei der Aufführung selbst spielte. Das Stück feierte im Dezember 1872 in Chicago Premiere und wurde von Kritikern zerrissen.

Nichtsdestotrotz füllte es auf Jahre hinaus die Theatersäle quer durch die Staaten. Im Sommer, während der Theaterpause, arbeitete Cody als Scout für die Armee, im Winter kehrte er zur Bühne zurück. Bill fand solchen Gefallen am Rampenlicht, dass er 1883 seine eigene *Buffalo Bill's Wild West Show* mit einem gigantischen Aufgebot an Menschen und Tieren auf die Beine stellte. Es gelang ihm sogar, den berühmten Häuptling Sitting Bull als Mitwirkenden zu engagieren. Auf Einladung trat er 1887 mit seiner Show zum goldenen Thronjubiläum von Königin Victoria in London auf und überquerte seitdem mit Hunderten von Indianern, Cowboys, Pferden und Büffeln immer wieder den Atlantik für monatelange

Touren durch Europa. Selbst Papst Leo XIII. empfang ihn im Vatikan – natürlich ohne Wildwest-Show. In Deutschland zog Cody die Zuschauer in Tausenden an – auch Kaiser Wilhelm II. wollte die Show sehen. Auf Plakaten wurde Buffalo Bill mit 800 Männern und 500 Pferden angekündigt. Themen waren unter anderem Amerika zur Zeit der ersten Pioniere, der Überfall eines Auswandererzuges und die Schlacht von Little Bighorn. Um die Jahrhundertwende war Cody der berühmteste Amerikaner der Welt und weltweit wohl auch der erste Superstar.

William Frederick Cody starb im Januar 1917 in Denver an Nierenversagen. In den Jahrzehnten nach seinem Tod entstanden zahlreiche Hollywood-Filme, die sein Leben mal mehr, mal weniger beleuchteten. Einer der bekanntesten ist das Musical *Annie Get Your Gun* (1950) über die Kunstschützin Annie Oakley, die durch ihre Auftritte in der Wildwest-Show von Buffalo Bill international berühmt wurde und als erster weiblicher Superstar der USA gilt. Das bekannteste Lied aus dem Musical ist bis heute ein Ohrwurm: *There's No Business Like Show Business.*

Gut zu wissen

Die Stadt Cody in Wyoming ist eine Hommage an William Frederick Cody alias Buffalo Bill. Cody gründete die Stadt zusammen mit Investoren 1896. Sehenswürdigkeiten sind das Buffalo Bill Center of the West mit fünf Museen, mit dem Buffalo Bill Museum und seinem Geburtshaus aus Le Claire, Iowa, das hierher versetzt wurde.

ANTICHRIST UND APOKALYPSE STEHEN IN DEN USA HOCH IM KURS

Den vermeintlichen Antichristen oder seinen Wegbereiter identifizieren religiöse Fanatiker gerne mit aktuellen Politikern. Im Wahlkampf von Barack Obama 2008 stellten Hardcore-Evangelikale sich die Frage, ob er der Antichrist sein könnte, während ein Baptistenprediger aus Dallas 2014 der Ansicht war, Amerikas erster nicht weißer Präsident sei lediglich der Wegbereiter für den Antichristen. Nach einer Umfrage von Public Policy Polling 2013 hielten 20 Prozent der Republikaner Obama für den Antichristen. Im Wahlkampf 2016 wurde der Titel Hillary Clinton zugeschrieben, und Trump meinte 2020 sogar: »Biden will hurt God«. Zu den Titelanwärtern gehörten in der Vergangenheit außerdem die Präsidenten Franklin Delano Roosevelt, John F. Kennedy, Richard Nixon, Ronald Reagan, Bill Clinton und Außenminister Henry Kissinger.

Einige fanatische Evangelikale glauben, Trump sei der Messias. Ihrer Ansicht nach nur logisch, denn der Antichrist, der als Gegenspieler und Gegenmacht Jesu Christi vor dessen Wiederkunft erwartet wird, war ja schon im Amt.

Meinungsumfragen zufolge glaubt ein erstaunlicher Prozentsatz der Amerikaner, dass die Welt in einer Schlacht in Harmagedon, dem in der Bibel genannten Ort der endzeitlichen Entscheidungsschlacht, enden wird. In einer Umfrage des Pew-Forschungszentrums gaben 41 Prozent der Befragten an zu erwarten, dass Jesus Christus bis 2050 auf die Erde zurückkehren wird. Eine vom Public Religion Research Institute durchgeführte Umfrage ergab, dass 49 Prozent der Befragten in Naturkatastrophen nicht Folgen des Klimawandels sehen, sondern diese als Zeichen der Endzeit betrachten.

Trotz der offiziellen Trennung von Kirche und Staat ziehen sich religiöse Axiome durch das Gefüge der amerikanischen politischen Kultur. Der Soziologe Robert Bellah prägte den Begriff »Zivilreligion«, um die religiöse Ausrichtung zu beschreiben, die die große Mehrheit der Amerikaner teilt. Danach wird es als selbstverständliche Wahrheit angesehen, dass eine höhere Macht die menschlichen Angelegenheiten leitet, dass die amerikanische Geschichte einem vorgesehenen Weg folgt, dass Amerikaner etwas Besonderes und Außergewöhnliches sind, ein auserwähltes Volk, das verpflichtet ist, Gottes Willen auszuführen oder sonst schlimme Konsequenzen erleidet.

Der Ursprung dieses Glaubens liegt im Puritanismus. Bei den ersten englischen Siedlern der Ostküste, die 1620 mit der Mayflower im heutigen Massachusetts ankamen, handelte es sich um sogenannte Separatisten, die einer besonders radikalen Strömung des Puritanismus angehörten. Sie hatten sich von der anglikanischen Kirche losgesagt, da sie mit deren religiösen Zeremonien nicht einverstanden waren. Um der Verfolgung durch die Kirche zu entgehen, flohen sie nach Amsterdam und beschlossen ein Jahrzehnt später, sich Richtung Neue Welt aufzumachen. Von den 102 Passagieren an Bord der Mayflower waren 40 Puritaner, die sich selbst *saints* (Heilige) nannten. Im neuen Land wollten sie, die »Auserwählten Gottes«, die wahre Gemeinde Christi gründen, das neue Zion bauen. In ihrer neuen Kolonie wurden nationale Angelegenheiten, wie in der Bibel offenbart, nach dem Willen Gottes gelenkt. Kirche und Staat bildeten ein heiliges Gemeinwesen. Der Gottesstaat der Puritaner ging so lange gut, bis auch die Nichtpuritaner ihren Anteil an der Macht forderten. Ende des 17. Jahrhunderts war die religiöse Vorherrschaft dahin. Viele Vorstellungen der Puritaner blieben aber in den Köpfen der Menschen über Generationen hinweg hängen und bestimmen bis heute den Kern des amerikanischen Wertesystems.

Aber

Studien haben ergeben, dass das Wertesystem der Puritaner tief in der Psyche der Amerikaner verankert ist und ihre Emotionen, Urteile und Verhaltensweisen prägt. Unabhängig von der politischen Ausrichtung oder der religiösen Zugehörigkeit.

IN DEN USA GIBT ES EINE LIZENZ ZUR EINHORNJAGD

Es ist wild, schwer zu fangen und fast unmöglich zu finden: das weiße Pferd mit magischen Kräften und dem gewundenen Horn auf der Stirn. In den Wäldern im Norden Michigans soll es gesichtet worden sein, deshalb wurde schon vor Jahrzehnten die Jagd auf das mystische Wesen legalisiert. Die Lake Superior State University auf der Upper Peninsula an der Grenze zu Kanada vergibt dazu sogar Lizenzen. Hinter der nicht allzu ernst gemeinten Idee steckten der ehemalige Leiter der Presse- und Öffentlichkeitsarbeit der Universität W. T. Rabe, der für seine PR-Gags bekannt war, sowie der damalige Englischprofessor Peter Thomas. Die beiden gründeten 1971 zusammen mit anderen Fakultätsmitgliedern The Unicorn Hunters, um die Jagd auf Einhörner zu ermutigen. Dazu haben sie sich eine ganze Latte an Regeln ausgedacht. Gejagt werden darf auf der Erde, auf den noch nicht erforschten Gebieten des Mondes, auf der Milchstraße und überall sonst. Pro Monat ist nur ein Einhorn erlaubt, denn eine höhere Erfolgsquote würde nur zu Euphorie führen, was höchst unerwünscht ist. Die Jagd kann an jedem Tag zu jeder Tageszeit stattfinden, außer an dem der heiligen Agnes am 21. Januar und auch nicht, wenn die Zahnfee unterwegs ist, denn die fürchtet sich vor mürrischen Einhörnern. Die mystischen Tiere dürfen mit folgenden Methoden aufgespürt werden: mit ernsthafter Absicht, dem lambischen Parameter (was immer das ist), allgemeinem Leichtsinn und Süßholzgeraspel.

Jagduniformen können individuell zugeschnitten werden, müssen aber rot oder grün sein, je nachdem, ob man dem Einhorn nachjagt oder umgekehrt. Folgende Dinge werden für die Suche nach dem Einhorn empfohlen: Eine kleine Flasche Cognac, 30 Milliliter des Anlockungsmittels Unicorn Lure, eine Zackenschere, ein großer Umschlag, ein Luftpoststempel, ein Nagelknipser mit Feile, ein Striegel, eine kleine Flasche Huf- und Hornpolitur, ein Hufschneider.

Auch wenn W. T. Rabe längst nicht mehr unter den Lebenden weilt und der Club der Unicorn Hunters der Vergangenheit angehört, können die Lizenzen weiterhin kostenlos auf der Website der Universität unter »Unicorn Hunters« erworben werden. Wer keinen Computerzugang hat, schreibt an das LSSU Public Relations Office, 650 W. Easterday Ave., Sault Ste. Marie, Michigan. Die Lizenz, die über dem Herzen getragen und mit einem Rosmarinzweig befestigt werden muss, wurde von der Wildlife Division der Abteilung für Naturressourcen des Bundesstaates Michigan geprüft.

Aber

Auch wenn die Unicorn Hunters auf dem Campus der Universität physisch nicht mehr existieren, begeben sich viele Menschen noch immer auf die einsame Suche nach dem Einhorn.

DEUTSCHE EINWANDERER WAREN MITBEGRÜNDER DER AMERIKANISCHEN ARBEITERBEWEGUNG IN CHICAGO

Dass wir heute am 1. Mai den internationalen Tag der Arbeit feiern, ist den deutsch-amerikanischen Gewerkschaftsaktivisten August Spies, George Engel und Adolph Fischer zu verdanken, die 1887 in Chicago hingerichtet wurden. Die Deutschen waren damals bis zur Jahrhundertwende die größte ethnische Gruppe in der Stadt. Spies, Engel und Fischer kamen in den 1870er Jahren nach Chicago, einer Zeit, in der ein paralleles Netzwerk von Arbeiterverbänden entstand.

Als deutsche Arbeiter in den 1850er Jahren in der Stadt am Michigansee ankamen, hatten sie radikale Ideen im Gepäck, die in den Jahren vor der vereitelten Revolution von 1848 entstanden waren. Sie brachten zudem praktische organisatorische Erfahrung mit, um diese Ideen in die Tat umzusetzen, was in der Gründung von Chicagos erstem Gewerkschaften resultierte. Joseph Weydemeyer, ein Freund von Karl Marx, stellte in den frühen 1860er Jahren während seines kurzen Aufenthalts in Chicago kommunistische Ideen vor, und in den späten 1870er Jahren unterstützten deutsche Sozialdemokraten, die durch Bismarcks antisozialistische Gesetze vertrieben worden waren, die entstehende Sozialistische Arbeiterpartei und den Internationalen Arbeiterverband. Deutsche Arbeiter gründeten und beteiligten sich an Arbeiterverbänden und lokalen Gewerkschaften, landesweiten Gewerkschaften wie der Internationalen Gewerkschaft, den Knights of Labour und Gewerkschaften, die der American Federation of Labour angeschlossen waren. In der Chicagoer Industrie überrepräsentiert, waren sie in ungewöhnlich hohem Maße organisiert und trugen so dazu bei, die Organisationsstrukturen zu etablieren, die später von einer aufstrebenden nationalen und multinationalen Arbeiterbewegung genutzt werden sollten.

Die Arbeitsbedingungen in den Fabriken ließen zu wünschen übrig. Für einen Zwölfstundentag gab es drei Dollar. Davon wurde keine Familie satt. Nach einem Aufruf der Gewerkschaften streikten am 1. Mai 1886 rund 90.000 Menschen in Chicago und forderten menschlichere Arbeitsbedingungen sowie den Achtstundentag. Die Arbeitgeber reagierten mit Massenaussperrungen und drohten, die nun freien Stellen mit neuen Einwanderern zu besetzen. Die Streiks gingen weiter. Als die Polizei am 3. Mai einschritt, um eine Versammlung von Streikenden aufzulösen, wurden sechs Arbeiter erschossen. Am folgenden Tag versammelten sich mehrere Tausend Streikende aus Protest auf dem Haymarket Square. Als jemand eine Bombe in die Menge warf, eskalierte die Situation. Wer die Bombe warf, ist bis heute unklar. Für die Polizei war jedoch klar, dass es nur einer der »Anarchisten« gewesen sein konnte, die an diesem Tag am Haymarket Reden hielten. Acht Männer, die den Streik mitorganisiert hatten, wurden verhaftet, angeklagt und für schuldig befunden. Eine Schuld konnte zwar nicht nachgewiesen werden, aber der Richter war der Ansicht, dass der Bombenwerfer einzig aufgrund der Ideen der Gewerkschafter gehandelt habe und diese deshalb ebenso schuldig seien. Vier bekamen die Todesstrafe, einer beging Selbstmord, die anderen drei wurden zu 15 Jahren Haft verurteilt. Die Hingerichteten waren die in Deutschland geborenen Aktivisten August Spies, Herausgeber der sozialistischen *Arbeiter-Zeitung* und Sprecher des sozialrevolutionären Flügels der amerikanischen Arbeiterbewegung in Chicago, der Anarchist George Engel, der Gewerkschafter Adolph Fischer und der Amerikaner Albert Parsons, Herausgeber der anarchistischen Zeitung *Alarm*. Der 23-jährige Mannheimer Zimmermann Louis Lingg, der erst zwei Jahre zuvor in Chicago angekommen war, entging der Todesstrafe durch Selbstmord in seiner Zelle. Der junge Gewerkschaftsfunktionär war nachweislich nicht einmal in der Nähe des Haymarket-Massakers gewesen.

Die Verurteilungen führten zu Protesten rund um die Welt und gingen als einer der berühmtesten Justizmorde in die Geschichte ein. Mehr als 25.000 Menschen nahmen an der Beerdigung der Hingerichteten in Chicago teil.

John Peter Altgeld, der im Westerwald geborene Gouverneur von Illinois, annullierte 1893 das Urteil, da keiner der Angeklagten mit der Bombe in Verbindung gebracht werden konnte. »In all den Jahrhunderten, während derer Regierungen von Menschen bestimmt und Verbrechen bestraft werden, hat kein Richter eines zivilisierten Landes jemals ein solches Urteil gefällt.« Die zu Gefängnis verurteilten Michael

Schwab, Oscar Neebe und Samuel Fielden kamen frei. Altgeld wurde nicht wiedergewählt.

Zum Gedenken an die Opfer des Haymarket Riot wurde auf dem Gründungskongress der Zweiten Internationale 1889 in Paris der 1. Mai als Kampftag der Arbeiterbewegung ausgerufen. Erstmals wurde der »1. Mai« 1890 mit Massendemonstrationen in der ganzen Welt begangen.

Aber

In den USA wird der 1. Mai nicht als Tag der Arbeit gefeiert. Ein Feiertag, der auf einem sozialistischen Kongress festgelegt wurde? Ein No-Go für die Amerikaner! Sie feiern *ihren* Tag der Arbeit, den Labor Day, seit 1894 am ersten Montag im September.

DER DEUTSCHE, DER AMERIKA EROBERN WOLLTE

D en »dickbäuchigen Schwerenöter mit starkem Akzent«, wie die Presse Fritz Julius Kuhn nannte, empfanden die Amerikaner als Witz. Seine Absichten waren alles andere als ein Witz, aber im Land der Freien galt Meinungsfreiheit, und man ließ ihn gewähren, solange er keine Straftat beging.

Der in München geborene Chemiker, der 1921 in die NSDAP eintrat, emigrierte 1923 mit seiner Frau nach Mexiko. Warum der überzeugte Nationalsozialist plötzlich aus Deutschland floh, ist nicht bekannt. Die Kuhns hielt es vier Jahre in Mexiko, dann zog es sie in die USA, nach Detroit, wo Kuhn bei der Ford Company eine Stelle fand. Wenige Jahre später trat er der 1933 gegründeten nationalsozialistischen Organisation »Friends of New Germany« bei und fungierte bald als »Ortsgruppenleiter« von Detroit. Als die Gruppe ins Visier des »Komitees für unamerikanische Umtriebe« geriet, benannte sie sich in »Amerikadeutscher Bund« um. Kuhn, der die Organisation aus eingewanderten Deutschen zu einer großen Bewegung ausbauen wollte, lehnte sich programmatisch an das deutsche Vorbild an. Die NSDAP distanzierte sich 1935 allerdings von Kuhn und der Gruppe zur Vermeidung außenpolitischer Spannungen mit den USA.

Als wichtigste Aufgabe des Bundes erklärte Kuhn 1936 die Schaffung einer »Abwehrfront gegen die marxistische, kommunistische und jüdische Überhebung« zur wichtigsten Aufgabe. NS-Führer von ganz Amerika wollte der deutsche Immigrant werden. Er stand zwar weiterhin unter Beobachtung des Komitees für unamerikanische Umtriebe, aber das nahm den »Bund leader« und »wannabe American Fuehrer« nicht ganz ernst.

Auch dann nicht, als ihn am 20. Februar 1939 bei einer Kundgebung im Madison Square Garden in New York 20.000 Menschen mit gestrecktem Arm begrüßten und auf der Bühne seine »Armee« aus Braunhemden mit Hakenkreuzbanner stand. Sein Ziel sei »ein sozial gerechtes, nichtjüdisch regiertes weißes Amerika« ließ er sein Publikum wissen. Mitschnitte der Kundgebung werden in dem kurzen Dokumentarfilm A Night in the Garden gezeigt, der 2018 auf dem Sundance Film Festival in Utah Premiere feierte.

Vier Monate nach der New Yorker Kundgebung, am 18. Juni 1939, wehten in Chicago die amerikanische Flagge und das Hakenkreuzbanner während einer Kundgebung auf dem Gelände des heutigen Merrimac Parks Seit' an Seit'. »Fuehrer« Fritz Kuhn appellierte an die 4.000 Anwesenden, seinen patriotischen Kampf, Amerika zu befreien, zu unterstützen.

Kuhn galt als Schürzenjäger und hatte neben seiner Gattin mehrere Geliebte. Das ging natürlich ins Geld. Also bediente er sich an den Geldern des Bundes. Das flog auf, und gegen ihn wurde ermittelt – immerhin hatte er 14.000 Dollar veruntreut, was heute einem Wert von über 250.000 Dollar entspricht. Er wurde angeklagt, aber gegen Kaution zunächst aus der U-Haft entlassen. Im November 1939 fand der Prozess gegen ihn statt, der bei der Urteilsverkündung im Dezember zu einer Gefängnisstrafe in Sing Sing wegen Veruntreuung führte. Nach seiner Entlassung 1943 wurde Kuhn die amerikanische Staatsbürgerschaft entzogen. Er wurde als *enemy alien* (feindlicher Ausländer) in verschiedenen Lagern interniert und nach Kriegsende als »unbelehrbarer Deutscher« aus den USA ausgewiesen.

Fakten

»Die meisten Amerikaner gehen davon aus, dass im Vorfeld des Zweiten Weltkriegs alle unsere Landsleute von der nationalsozialistischen Ideologie entsetzt waren. Aber wenn man 20.000 New Yorker sieht, die Hakenkreuzfahnen tragen und zu Naziideen jubeln, merkt man, dass die Dinge damals nicht so klar waren. Es gab eine bedeutende Minderheit von Amerikanern, die Faschismus, Rassismus und Antisemitismus für in Ordnung hielten«, sagt Marshall Curry, Regisseur der Dokumentation *A Night in the Garden*.

DIE UNBEGRENZT VIELEN MÖGLICHKEITEN, IN DEN USA ZU KLAGEN UND VERKLAGT ZU WERDEN

In der Hoffnung auf den schnellen Dollar ziehen viele Amerikaner mit den absurdesten Klagen vor Gericht. So wie zwei McDonald's-Kunden aus Florida, die 2018 die Fast-Food-Kette auf fünf Millionen Dollar verklagten, weil sie für einen Burger ohne Käse den gleichen Preis zahlen mussten wie für einen mit Käse. Bislang hatte McDonalds den Quarter Pounder mit und ohne Käsescheiben angeboten – der Preisunterschied betrug 30 Cent. Nun wurde nur noch die Variante mit Käse angeboten, wer den Käse aber nicht wollte, zahlte trotzdem den vollen Preis. Ein Richter wies den Fall mit der Begründung ab, dass die Kläger nicht nachweisen konnten, dass der höhere Preis ihnen Schaden zugefügt hatte.

Jesse Dimmick, ein Krimineller auf der Flucht, entführte im September 2009 ein Ehepaar aus Kansas. Irgendwann schlief er ein, und das Paar floh. Sie verklagten Dimmick auf über 75.000 Dollar Schadenersatz. Seine Antwort war die Gegenklage wegen Vertragsverletzung. Er behauptete, er und das Paar hätten eine rechtsverbindliche mündliche Vereinbarung getroffen, ihn vor der Polizei zu verstecken. Sein Fall wurde abgewiesen.

Im Jahr 2015 behauptete eine Frau aus New York, sie sei an der U-Bahn-Station Grand Central die Treppe hinuntergefallen und habe sich am Fuß und am Knöchel verletzt, nachdem sie ein übergroßes »gruseliges« Werbeplakat für die Fernsehserie *Dexter* gesehen habe. Das Plakat zeigte das Gesicht der Hauptfigur unter einer Plastikfolie mit offenen Augen. Sie behauptete, das Bild sei »verstörend, provokativ, schockierend und Angst auslösend«. Der Richter war anderer Meinung und wies den Fall ab.

Ein Gericht entschied 2007 gegen den unzufriedenen Kunden einer chemischen Reinigung in Washington, D. C., der die Reinigung wegen des angeblichen Verlusts seiner Lieblingshose auf 54 Millionen US-Dollar verklagte. Der Kunde, selbst Richter, konnte nicht nachweisen, dass der Laden seine Hose verloren hatte.

Eine Klage, die nicht abgewiesen wurde, ist die der Seniorin, die sich mit McDonald's-Kaffee verbrühte. Der Fall machte international Schlagzeilen. Millionen, wie die Medien behaupteten, bekam sie allerdings nicht.

Die damals 79-jährige Stella Liebeck aus Albuquerque, New Mexico, kaufte im Februar 1992 in einem McDonald's-Drivethrough-Restaurant einen Becher Kaffee. Ihr Enkel, der am Steuer saß, parkte das Auto, sodass sie den Deckel vom Styroporbecher ohne Gewackel abnehmen konnte, um Milch und

Zucker hinzuzufügen. Als sie den Deckel abnahm, lief der gesamte Inhalt der Tasse in ihren Schoß und geradewegs durch ihre Jogginghose auf ihre Haut. Im Krankenhaus wurden Verbrennungen dritten Grades an der Innenseite ihrer Oberschenkel sowie in der Genital- und Leistengegend festgestellt. Eine Hauttransplantation war notwendig, und nach dem Klinikaufenthalt war sie drei Wochen lang auf Pflege durch ihre Tochter angewiesen, die sich hierfür unbezahlten Urlaub nehmen musste. Die Krankenhauskosten beliefen sich auf 10.500 Dollar, die Nachsorgekosten auf 2.500 Dollar, und der Gehaltsverlust ihrer Tochter betrug um die 5.000 Dollar. Stella Liebeck forderte von McDonald's 20.000 Dollar, um diese Kosten zu decken. Ihr wurden jedoch nur 800 Dollar angeboten, woraufhin sie sich einen Anwalt nahm, der die Fast-Food-Kette wegen »grober Fahrlässigkeit« für den Verkauf von »unangemessen gefährlichem« Kaffee auf 2,7 Millionen Dollar verklagte.

Vor Gericht wurde bekannt, dass in der Vergangenheit bereits 700 Ansprüche von McDonald's-Kunden geltend gemacht wurden, die zwischen 1982 und 1992 durch Kaffee Verbrennungen erlitten. Der Kaffee von McDonald's ist 82 bis 88 Grad Celsius heiß. Ein Experte sagte aus, dass der Konsum von Flüssigkeit bei dieser Temperatur Mund- und Rachen verbrennen würde. Coffeeshops verkaufen Kaffee bei wesentlich niedrigeren Temperaturen. Während des Prozesses gab der Qualitätssicherungsmanager der Fast-Food-Kette zu, dass Verbrennungen auftreten könnten, sagte jedoch, dass McDonald's nicht die Absicht habe, die »Warmhaltetemperatur« seines Kaffees zu senken. Die Jury kam 1994 zu dem Schluss, dass McDonald's zu 80 Prozent die Schuld trage, Liebeck zu 20 Prozent, denn sie hätte den Deckel des Kaffees nicht unbedingt über ihrem Schoß aufmachen müssen. Letzten Endes erhielt sie 640.000 Dollar Schadensersatz.

Harte Fakten

In den USA wird zwar gerne wegen der absurdesten Dinge geklagt, die meisten Klagen werden von den Gerichten jedoch abgewiesen. In die internationalen Schlagzeilen geraten nur die Fälle, die Furore machen, wie zuletzt der Monsanto-Prozess, in dem es um den umstrittenen Unkrautvernichter Glyphosat ging. Ein Gericht verurteilte den Pharmakonzern Bayer 2019 zu zwei Milliarden Dollar Schadensersatz an die Kläger, das Ehepaar Alva und Alberta Pilliod. Die beiden über 70-Jährigen sind an Lymphdrüsenkrebs erkrankt und machen dafür die jahrelange Verwendung des Unkrautvernichters verantwortlich. Es war der dritte Glyphosat-Prozess innerhalb weniger Monate, den Bayer verlor.

ALIENS SCHWEBEN VORZUGSWEISE ÜBER DEN USA

Stürzte im Sommer 1947 bei Roswell, New Mexico, tatsächlich ein Ufo ab? Gerüchten zufolge fand man damals auf einem Feld ein außerirdisches Raumfahrzeug samt Besatzung. Diese, so eine Verschwörungstheorie, wurde vom Militär gefangen genommen und an einen geheimen Ort gebracht. Die Air Force sagte zunächst, dass eine »fliegende Untertasse« geborgen worden sei, stellte aber in einer Pressemitteilung klar, dass das Objekt von einem Wetterballon stammte. Seitdem behaupteten vermeintliche Zeugen immer wieder, sie hätten gesehen, wie das Militär das Ufo und die toten Außerirdischen weggebracht hatte. Eine Umfrage von CNN/*Time* zum 50. Jahrestag des Vorfalls in Roswell ergab, dass 80 Prozent der Amerikaner glauben, dass die Regierung das Wissen über die Existenz außerirdischer Lebensformen verbirgt.

»Wir hatten eine fliegende Untertasse in unserem Besitz«, sagte der ehemalige Offizier für öffentliche Angelegenheiten der Armee, Walter Haut, 1997. Roswell, heute Sitz des Roswell UFO Museum, ist nach wie vor ein wichtiges Ziel für »Ufoianer«.

In den USA gibt es seit dem Vorfall in Roswell Tausende und Abertausende von gemeldeten Ufo-Sichtungen – immer wieder sehen aufmerksame Bürger Ufos am Firmament. Ende 2017 gerieten in den USA drei Videos der US Navy versehentlich an die Öffentlichkeit, die zwischen 2004 und 2015 während Übungsflügen entstanden waren. Die Clips zeigen extrem schnelle undefinierbare Flugobjekte im Radar der Kampfjets. Dass es nur »unerklärliche Luftphänomene« waren, wie das Militär sagt, glaubten die wenigsten.

Der Geheimdienst der Air Force betrieb zwischen 1948 und 1969 mehrere Studien zur Sammlung und Auswertung der Sichtungen von Ufos durch ihre Piloten, Radarstationen und andere Air-Force-Mitarbeiter. In diesem Zeitraum von über 20 Jahren untersuchten Mitarbeiter der Luftwaffe 12.618 gemeldete Ufo-Sichtungen. Als das Projekt aus Kostengründen beendet wurde, befand das Militär: »Kein Ufo, das von der Luftwaffe gemeldet, untersucht und bewertet wurde, hat jemals einen Hinweis auf eine Bedrohung unserer nationalen Sicherheit gegeben.«

Im Jahr 2010 berichteten sieben ehemalige Offiziere der Air Force über ihre persönlichen Begegnungen der dritten Art über Atomwaffenanlagen in den 1960er, 1970er und 1980er Jahren. Drei von ihnen erzählten, dass Ufos 1967 über Atomraketensilos der Malmstrom Air Force Base in Montana schwebten. Der frühere Air-Force-Major Robert Salas sagte, eine seiner Wachen habe ihm von einem roten, leuchtenden Objekt mit einem Durchmesser von etwa zehn Metern erzählt, das über dem Eingangstor der Einrichtung schwebe. »Und gerade als ich meinen Kommandanten anrief, gerieten unsere Raketen in einen sogenannten No-go-Zustand. Im Wesentlichen waren sie deaktiviert, während dieses Objekt noch über unserer Anlage schwebte«, sagte Salas. Als Ufo-Forscher Robert Hastings von dieser Geschichte hörte, war er sich sicher, dass Außerirdische ein besonderes Interesse an Atomwaffen haben.

2007 berichtete der frühere Gouverneur von Arizona, Fife Symington, über seine Begegnungen der dritten Art im Jahr 1997. Als er nach Ufos Ausschau hielt, sah er angeblich ein massives deltaförmiges Flugobjekt mit gigantischen Lichtern, das lautlos über den Squaw Peak, eine Bergkette in Phoenix, schwebte. Symington, ein ehemaliger Offizier der Air Force, sagte, es hätte nicht wie ein künstliches Objekt ausgesehen. Und er schloss die Behauptung der Luftwaffe aus, dass es sich dabei um Höhenfackeln handelte. Hunderte andere Menschen sahen das Objekt ebenfalls. Symington forderte die US-Regierung auf, die Bürger darüber aufzuklären, was wirklich geschah, und nicht länger den Mythos aufrechtzuerhalten, dass alle Ufos in konventionellen Begriffen erklärt werden können.

Immer wieder berichten Amerikaner darüber, von Außerirdischen entführt worden zu sein. Nach einer Umfrage des Meinungsforschungsinstituts Roper im Jahr 1992 behaupten 3,7 Millionen Amerikaner, dass sie Erlebnisse hatten, die auf eine Entführung hindeuteten. Darunter auch der exzentrische, 2019 verstorbene Chemie-Nobelpreisträger Kary Mullis aus Kalifornien, der Horror-Buch-Autor Whitley Strieber und Ace Frehley, Mitbegründer und ehemaliger Leadgitarrist der Rockband Kiss.

Nach Angaben des National UFO Reporting Center in Davenport, Washington, wurden 2019 rund 6.000 Ufos über Nordamerika gesichtet – über 2.500 mehr als im Jahr zuvor. Die meisten undefinierbaren Flugobjekte schwebten über Kalifornien und Florida – die Aliens mögen's sonnig!

Übrigens

Der damals 18-jährige Waldarbeiter Travis Walton behauptete 1975, während seiner Arbeit im Apache-Sitgreaves National Forest in Arizona von Außerirdischen entführt worden zu sein. Er und seine sechs Kollegen sahen über einem Holzhaufen ein Ufo schweben. Als Travis sich dem Objekt näherte, wurde er von einem Lichtstrahl getroffen und verschwand. Da er verschwunden blieb, verdächtigte man seine Kollegen des Mordes. Nach fünf Tagen tauchte er plötzlich wieder auf und berichtete unter Hypnose von der Entführung durch Außerirdische. Travis Walton schrieb 1978 das Buch *The Walton Experience* über seine Erfahrung mit den Aliens, das 1993 als *Fire in the Sky* verfilmt wurde.

Für den amerikanischen Ufo-Forscher Philip J. Klass war Waltons Geschichte ein Scherz, der aus finanziellen Gründen begangen worden war – immerhin hatte das Boulevardblatt *The National Enquirer* 5.000 Dollar für den »besten Ufo-Fall des Jahres« geboten.

EIN US-PRÄSIDENT ERFAND DEN DREHSTUHL UND ANDERE NÜTZLICHE DINGE

W ährend eines Dinners, das Präsident John F. Kennedy am 29. April 1962 zu Ehren von 49 Nobelpreisträgern gab, sagte er: »Ich glaube, dies ist die außergewöhnlichste Sammlung von Talenten und menschlichem Wissen, die jemals im Weißen Haus zusammengetragen wurde. Mit der möglichen Ausnahme, als Thomas Jefferson hier allein zu Abend gegessen hat«, sagte Kennedy und fuhr fort: »Jemand sagte einmal, Thomas Jefferson sei ein 32-jähriger Gentleman, der eine Sonnenfinsternis berechnen, ein Anwesen vermessen, eine Arterie abbinden, ein Gebäude planen, eine Sache versuchen, ein Pferd zureiten und das Menuett tanzen könne.«

Thomas Jefferson (1743–1826) war ein Universalgelehrter und der wohl genialste Präsident, der je im Oval Office saß.

Der Sohn eines wohlhabenden Plantagenbesitzers aus Virginia machte nach seinem Jurastudium durch politische Streitschriften von sich Reden und gilt mit seiner Abhandlung *A Summary View of the Rights of British America* als einer der Vordenker der amerikanischen Unabhängigkeit. Als der junge Anwalt 1774 zum Abgesandten Virginias für den Kontinentalkongress in Philadelphia ernannt wurde, beauftragte man ihn mit der Ausarbeitung der amerikanischen Unabhängigkeitserklärung. Da sein Windsor-Stuhl ihm nicht genügend Bewegung bot, beschloss er, ihn mit Hilfe einer Eisenspindel sowie den Rollen eines Schiebefensters zu modifizieren. Dadurch drehte sich der Sitz, und die Arbeit an der Unabhängigkeitserklärung ging bequemer vonstatten. Begeistert von seiner Erfindung machte sich Jefferson nun daran, einen Stuhl mit Tisch auszustatten sowie einen Drehbuchständer zu bauen, der es ihm ermöglichte, mit mehreren Büchern und Referenzmaterialien gleichzeitig zu arbeiten. Der technisch begabte Politiker erfand den Speiselift, entwickelte einen Pflug und eine kleine tragbare Kopierpresse. 1790 erfand er mit dem *wheel cypher* eine Dekodiermaschine, die bis heute als herausragende Leistung auf dem Gebiet der Kryptologie gilt. Eine modifizierte Version des Geräts wurde während des Zweiten Weltkriegs von der US Army genutzt.

Jefferson gründete die University of Virginia und entwarf als »Architekt« deren Rotunde, war maßgeblich am Bau des Kapitols in Washington beteiligt und entwarf sein Landgut Monticello in Virginia, auf dem er sich im Weinbau versuchte. 1797 wurde er Präsident der American Philosophical Society und behielt diese Position 18 Jahre. Zwei Jahre später gründete er einen Kreis, der die Forschung in der Archäologie, den Naturwissenschaften und der Völkerkunde forderte. Der frühere amerikanische Botschafter in Paris, ehemalige Außenminister und dritte Präsident der Vereinigten Staaten war nicht nur technisch, sondern auch sprachbegabt. Er sprach Französisch, Italienisch, Spanisch und Deutsch sowie Latein und Altgriechisch.

Die Inschrift für seinen Grabstein hatte er bereits vor seinem Tod festgelegt. Nur für drei Errungenschaften sollte man ihn in Erinnerung behalten: als Verfasser der amerikanischen Unabhängigkeitserklärung, des Virginia-Religionsfreiheitsgesetzes und als Vater der Universität von Virginia. Die Originalworte auf seinem Grabstein lauten: »*Here was buried Thomas Jefferson. Author of the Declaration of American Independence, of the Statute of Virginia for religious freedom & Father of the University of Virginia.*« Jefferson hatte das Landesgesetz zur Religionsfreiheit 1777 verfasst. Es besagt, dass keiner gezwungen werden darf, an religiösen Handlungen teilzunehmen oder Kirchensteuer zu zahlen, jeder seinen Glauben bekennen und mit Argumenten für ihn werben und keiner aufgrund seines Bekenntnisses vom Staat bevorzugt oder benachteiligt werden darf. Das Gesetz trat 1786 in Kraft. Dass er von 1801 bis 1809 Präsident der USA war, fand Jefferson selbst nicht so wichtig.

Aber

Thomas Jefferson war nicht der einzige amerikanische Politiker mit Erfindergeist. Benjamin Franklin (1706–1790), einer der Gründerväter der USA und Mitunterzeichner der Unabhängigkeitserklärung, der die Schule mit zwölf Jahren verließ und eine Ausbildung zum Drucker machte und später Verleger wurde, erfand 1744 den Kaminofen (Pennsylvania Fireplace), 1752 den Blitzableiter, 1761 die Glasharmonika, 1770 die Bifokalgläser und zeichnete so ganz nebenbei die erste Karte des Golfstroms. Das Multitalent gründete 1743 die American Philosophical Society, 1751 die erste Wohngebäudeversicherung und im selben Jahr das erste Krankenhaus der 13 Kolonien, die später zu den USA wurden.

SPRING BREAK – AMERIKANISCHE STUDENTEN LASSEN DIE SAU RAUS

Als Schwimmtrainer Sam Ingram von der Colgate University in Hamilton, New York, im März 1936 mit seinem Team zum Schwimmtraining nach Fort Lauderdale in Florida fuhr, um im neu eröffneten im Olympia-Pool zu trainieren, ahnte er nicht, dass er damit ein Ritual einläuten würde. Die Stadt sah plötzlich eine unerwartete Einnahmequelle, schuf das College Coaches' Swim Forum und lud im Frühjahr 1938 Teams verschiedener Hochschulen des Landes ein. 300 Studenten reisten an, um gegeneinander anzutreten.

Amerikanische Colleges und Universitäten schließen im Zeitraum zwischen Ende Februar und Mitte April für eine Woche, wobei jede Uni das Datum ihres Spring Breaks selbst festlegt. Aus dem Schwimmwettbewerb zwischen Universitäten wurde ein Event, das Studenten aus allen Landesteilen anzog. Leistungsschwimmer oder nicht, wer es sich leisten konnte, fuhr nach Fort Lauderdale. Das Phänomen Spring Break wurde erstmals im April 1959 in der Zeitschrift *Time* in dem Artikel »*Beer and the Beach*« erwähnt. Über 20.000 Studenten hatten die Strände für sich eingenommen und bis in die frühen Morgenstunden mit viel Alkohol gefeiert. Im Jahr darauf erschien die Teenie-Klamotte *Where the Boys Are* in den Kinos. Eine der Hauptrollen spielt Connie Francis, die auch den gleichnamigen Titelsong schmettert. Die Hollywood-Komödie um vier Studentinnen aus dem Mittleren Westen, die nach Fort Lauderdale reisen, um sich ins Spring-Break-Vergnügen zu stürzen, löste einen wahren Run auf die Stadt nördlich von Miami aus – 1961 zog es bereits 50.000 partywütige College-Kids nach Florida.

Es wurden immer mehr. In den frühen 1980er Jahren waren es zwischen 250.000 und 300.000. Bewohner beschwerten sich immer öfter über den nächtlichen Lärm, das Chaos und den Müll, den die Studenten an den Stränden hinterließen. Als 1985 die Zahl der Feiernden auf 350.000 anstieg, zog die 180.000 Einwohner zählende Stadt die Notbremse. Bürgermeister Robert Dressler verkündete in der Nachrichtensendung *Good Morning America*: »Studenten sind in Fort Lauderdale nicht mehr länger willkommen.« Parken in Strandnähe über Nacht und der Alkoholkonsum in der Öffentlichkeit wurden verboten. Bereits 1984 war landesweit ein Gesetz in Kraft getreten *(The National Minimum Drinking Age Act)*, das die Altersgrenze für den Genuss von Alkohol auf 21 Jahre erhöhte. Während des Spring Breaks im Jahr darauf verbot die Stadt dem Musiksender MTV den Aufbau einer Bühne am Strand, und etwa 2.500 Studenten, die das Trinkverbot nicht einhielten, wurden verhaftet. Die Studenten zogen nun ins über 500 Kilometer entfernte Panama City Beach im Norden Floridas und machten den kleinen Ort zur neuen Spring-Break-Kapitale, in der jährlich um die 500.000 Studenten während der einwöchigen Semesterferien auf die Pauke hauen. Nach Fort Lauderdale kamen 1989 nur noch 20.000 Feierwütige, 2006 waren es um die 10.000, mittlerweile sind es wieder über 100.000. Heute zieht es viele »Spring Breakers« an die Strände Mexikos, weil sie dort schon mit 18 Alkohol trinken dürfen.

Während des Spring Breaks herrscht an Floridas Stränden, die sich in eine gigantische Partyzone verwandeln, der Ausnahmezustand. Alle Hemmungen und Klamotten fallen weg, die guten Manieren werden abgelegt. An der Tagesordnung stehen Unmengen an Alkohol, Bierduschen und freizügiger Sex. »Saufen bis zum Umfallen«, lautet das Motto, was vielen jedes Jahr zum Verhängnis wird, wenn sie sturzbetrunken vom Balkon fallen und sich dabei das Genick brechen. Immer wieder sterben College-Kids im Partyrummel an alkoholbedingten Verletzungen und Alkoholvergiftung. Laut National Institute on Alcoholic Abuse and Alcoholism betrinken sich 11 Prozent der Feiernden beim Spring Break bis zur Bewusstlosigkeit. 2020 konnte sie auch das Coronavirus nicht vom Feiern abhalten. Die Warnungen der Behörden beachteten sie nicht. *Social distancing? No way!* »Dann bekomme ich eben Corona. Den Spaß lasse ich mir deshalb nicht verderben!«, brachte es ein Student auf den Punkt. Mehrere *spring breakers* infizierten sich mit dem Virus.

Laut *U. S. News & World Report* (2021) sind die Top 10 des Spring Breaks:

1. Cancun, Mexiko
2. Miami Beach, Florida
3. South Padre Island, Texas
4. Cabo San Lucas, Baja California, Mexiko
5. Jamaica
6. Bahamas
7. Punta Cana, Dominikanische Republik
8. Playa del Carmen, Mexiko
9. Daytona Beach, Florida
10. Panama City Beach, Florida

4 : 1 FÜR DIE KUH IM US-STAAT SOUTH DAKOTA

Wenn es eine Revolte der Kühe gäbe, zögen die neun Staaten Idaho, Iowa, Kansas, Montana, Nebraska, North Dakota, Oklahoma, South Dakota und Wyoming den Kürzeren. Die Kuh ist dort nämlich in der Überzahl. Ganz besonders im nordwestlichen Präriestaat South Dakota, wo es mit fast vier Millionen Kühen und weniger als 850.000 Einwohnern für die Kuh mehr als 4 : 1 steht – auf einen Menschen kommen 4,5 Tiere. Im Nachbarstaat Nebraska leben zwar weit mehr Kühe (6,4 Millionen), aber auch mehr Menschen (1,93 Millionen), so steht es für die Kuh nur etwas mehr als 3 : 1, und in Kansas mit 5,9 Millionen Kühen und 2,9 Millionen Menschen 2 : 1. Die Landwirtschaftszählung (US Census of Agriculture), die zweimal im Jahrzehnt durchgeführt wird, hat landesweit zuletzt 95 Millionen Kühe erfasst.

»Wenn Rinder eine bewaffnete Übernahme der Vereinigten Staaten inszenieren würden, wäre South Dakota der Ausgangspunkt«, witzeln die Einwohner des Präriestaates und raten: »Wer unter Bovinophobie, der Angst vor Kühen leidet, sollte lieber an die Ostküste reisen. Vor Kühen muss man sich allerdings nicht fürchten, es sei denn, sie sind bewaffnet.«

Die erste Kuh, die in South Dakota offiziell registriert wurde, brachte 1812 der Geschäftsmann Manuel de Lisa aus New Orleans mit, als er am Missouri River Fort Manuel errichtete. Die Kuh, die trächtig war, vermehrte sich schnell. Als der Forschungsreisende und Ethnologe Prinz Maximilian zu Wied-Neuwied während seiner *Reise in das innere Nord-America* 1833 durch South Dakota kam, fiel ihm eine große Rinderherde in Fort Pierre auf, wie er notierte. Das waren natürlich nicht alles Nachkommen der ersten Kuh im Staat. In der Blütezeit der großen *cattle drives* (Viehtriebe) in der zweiten Hälfte des 19. und frühen 20. Jahrhunderts erfüllte das Vieh mehrere Bedürfnisse. Gemäß den Bestimmungen des Vertrags mit den Indianern musste die Regierung den Reservaten Rindfleisch bereitstellen. Militärstützpunkte waren zur Verpflegung der Soldaten auf Rindfleisch angewiesen, ebenso wie die Goldgräber in den Black Hills. Der letzte große Viehtrieb nach South Dakota fand 1902 statt.

In dem Staat mit dem weiten Himmel, der großen Leere und den vielen Kühen stammen über 40 Prozent der Bewohner von deutschen Einwanderern ab. Namen wie Bauer, Fischer, Keller, Klein, Kuntz, Meyer und Schmidt sind häufig.

1921 kam es im Hutchinson County, wo heute fast 68 Prozent der Einwohner von Deutschen abstammen, zum *battle of the cows*. Streitpunkt war eine Herde von 700 Milchkühen, die nach Deutschland verschifft werden sollte. Als South Dakotans deutscher Abstammung im Dezember 1920 von den Folgen des Milchmangels in Deutschland nach dem Ersten Weltkrieg hörten, wollten sie helfen. Gemäß dem Versailler Vertrag mussten die Deutschen 800.000 Milchkühe an die Alliierten liefern. Auch wenn die antideutsche Stimmung im ganzen Land nach Kriegsende hoch war, sahen viele Deutschamerikaner keinen Grund, warum sie ihren in Deutschland lebenden Freunden und Verwandten nicht helfen sollten. Sie erhielten von den Bundesbehörden die Erlaubnis, Milchkühe nach Deutschland zu verschiffen.

Als die deutschen Gemeinden in South Dakota ihre Pläne ankündigten, stellten einige Amerikaner den Patriotismus ihrer Mitbürger infrage. Trotz Drohungen schickten die Deutschamerikaner mit Unterstützung vieler Mitglieder der umliegenden Gemeinden eine Schiffsladung Milchkühe nach Deutschland. Da die Kühe unterwegs gefüttert und gemolken werden mussten, wurden einheimische Jugendliche auf die Reise mitgeschickt. Die Leitung des Projekts wurde Pastoren der Lutheranischen Kirche übertragen. 300 Kühe sollten vom Ort Tripp, 400 von der Stadt Scotland zur Pacific Railroad Line getrieben werden. In Scotland kam es zu Problemen. Mitglieder der Veteranenorganisation American Legion hatten geschworen, dass keine amerikanische Kuh South Dakota in Richtung Deutschland verlassen würde. Dem Land, das einen Weltkrieg angezettelt hatte, der 20 Millionen Menschen, darunter auch vielen Amerikanern, das Leben gekostet hatte, Milchkühe schenken? Das musste verhindert werden! Die Legion rekrutierte eine Gang, die drohte, die Kühe auseinanderzutreiben und damit die Verladung unmöglich zu machen. Der für die Herde verantwortliche Pastor Gerike bat den Bürgermeister um Hilfe, der versprach, den Sheriff zu bitten, ein paar seiner Leute zu schicken, um die Kühe zu bewachen. Der Sheriff war nicht auffindbar. In der Nacht kam die Gang mit 25 Autos und 30 Mann zu Pferd und eröffnete das Feuer auf die Herde, um sie so auseinanderzutreiben. Dabei wurden zwei Kühe getötet und mehrere verwundet. Bis zur Abreise wurde die wieder zusammengetriebene Herde in der darauffolgenden Nacht von 200 bewaffneten Farmern beschützt und am Morgen unter starker Bewachung zum Zug nach Tripp getrieben, dort auf 26 Waggons verteilt und nach Sioux City gebracht. Die Legion versuchte nun, eine gerichtliche Verfügung zu erlangen um damit den Weitertransport zu verhindern. Ihr Versuch misslang, Kühe reisten weiter nach Chicago und von dort nach Baltimore, wo sie unter Protesten der American Legion auf den Frachter West Arrow verladen wurden. Zweifellos stammt manche Milchkuh in Deutschland aus der Blutlinie der Holstein-Kühe aus dem Hutchinson County, die im April 1921 in Bremerhaven von Bord der West Arrow gingen.

Übrigens

Der Spitzname von South Dakota Mount ist »Rushmore State«. In den Mount Rushmore in den Black Hills wurden zwischen 1927 und 1941 die vier berühmten Präsidentenköpfe (George Washington, Thomas Jefferson, Theodore Roosevelt und Abraham Lincoln) eingemeißelt. Sehr zum Unmut der Lakota-Indianer, denn die Black Hills sind für sie heilig.

DER AMERIKANISCHE PRÄSIDENT THEODORE ROOSEVELT WAR MAL COWBOY

Als der junge Politiker und spätere Präsident Theodore Roosevelt 1883 zum ersten Mal zur Bisonjagd nach North Dakota reiste, war er so begeistert vom Cowboy-Leben und dem boomenden Viehgeschäft, dass er im Jahr darauf in eine Ranch investierte in der Hoffnung, erfolgreicher Viehzüchter zu werden. In den kommenden Jahren pendelte er zwischen seinem Haus in New York und seiner Ranch in North Dakota. Roosevelt (1858–1919) lernte am Ufer des Little Missouri Westernreiten, Lassowerfen, Rinder mit Brandzeichen zu versehen und zu jagen. Bei Viehtrieben saß er manchmal 40 Stunden im Sattel.

»Ich genieße dieses Leben in vollkommener Freiheit von Herzen«, schrieb Roosevelt, »denn ich jage sehr gern, und es gibt nur wenige Empfindungen, die ich dem Galoppieren über die grenzenlose Prärie mit dem Gewehr in der Hand vorziehe.«

Auch wenn er den Respekt der echten Cowboys verdiente, waren sie nicht übermäßig beeindruckt. Er identifizierte sich jedoch mit dem historischen Reiterhirten, einem Mann, von dem er sagte, er besitze »nur wenig der kraftlosen Milch-Wasser-Moral, die von den Pseudophilanthropen bewundert wird; aber er besitze in sehr hohem Maße die männlichen Eigenschaften, die für eine Nation von unschätzbarem Wert sind«. Er orientierte sich neu und begann, für nationale Zeitschriften über das Grenzleben zu schreiben. Er veröffentlichte auch drei Bücher – *Hunting Trips of a Ranchman, Ranch Life and the Hunting-Trail* und *The Wilderness Hunter*.

In North Dakota organisierte Roosevelt Viehzüchter, um Probleme mit Überweidung und anderen gemeinsamen Anliegen anzugehen. Seine Arbeit führte zur Gründung des Viehzüchterverbands Little Missouri Stockmen's Association. Er förderte den Naturschutz und gründete den Boone and Crockett Club, dessen Hauptziel die Erhaltung der Großwildtiere und ihrer Lebensräume war. Nachdem der strenge Winter 1886/87 seine Rinderherde ausgelöscht hatte und damit mehr als die Hälfte seiner 80.000-Dollar-Investition, kehrte Roosevelt an die Ostküste zurück. Obwohl seine Finanzen nun litten, hatte die Zeit im Westen dafür gesorgt, dass er nicht als untauglicher Intellektueller abgestempelt wurde, eine Charakterisierung, die seine politische Karriere hätte behindern können. »Ohne meine Erfahrung in North Dakota wäre ich nie Präsident geworden«, sagte der Mann, nach dessen Spitzname der Teddybär benannt wurde.

Gut zu wissen

Nach Roosevelts Tod entstand in North Dakota der Theodore Roosevelt National Park, wo sich die Elkhorn Ranch befindet.

DIE AMERIKANER VERLEIHEN PFERDEN MILITÄRISCHE RÄNGE

Eigentlich war der jungen Mongolenstute Ah Chim Hai (Morgenflamme) ein Leben als Rennpferd bestimmt. Doch ihr Besitzer brauchte dringend Geld für den Kauf einer Beinprothese, da seine Schwester auf eine Landmine getreten war. So kam es in Seoul im Oktober 1952, dass er sein Pferd schweren Herzens für 250 Dollar an Leutnant Eric Pedersen verkaufte. Dessen Einheit, die Recoilless Rifle Platoon der Marines, die in bergigem Gelände stationiert war, brauchte dringend ein Lastpferd, das bis zu neun der schweren 24-Pfund-Granaten tragen konnte, die für die Ladung der rückstoßfreien Geschütze seiner Einheit erforderlich waren. Als Mongolenpferd war die hübsche kastanienbraune Stute mit der Blesse und drei weißen Beinen genau richtig, denn ihre Rasse ist für Widerstandsfähigkeit und Ausdauer bekannt und kann weite Strecken bewältigen. Die Marines benannten die Stute in Reckless (waghalsig) um, in Anlehnung an den Namen des rückstoßfreien Geschützes *(recoilless rifle)* und in Anspielung auf die waghalsige Haltung derer, die die Waffe benutzten.

Im Camp der Marines wurde Reckless zum Kriegspferd ausgebildet. Ihr wurden Survival-Techniken beigebracht, wie sich unter Beschuss hinzulegen und Hindernissen wie Stacheldraht auszuweichen, und sie lernte, auf den Befehl »*incoming!*« in den Bunker zu laufen. Reckless war bald der Liebling der Einheit, durfte sich im Camp frei bewegen und in kalten Nächten in den Zelten der Soldaten schlafen. Für das Herdentier Reckless wurden die Marines zu ihrer Herde, mit der sie eng verbunden war. In der Schlacht um den Stützpunkt Vegas in der Endphase des Koreakrieges zwischen US-amerikanischen und chinesischen Streitkräften im März 1953 spielte Reckless eine wichtige Rolle. Während der fünftägigen blutigen Schlacht, bei der schätzungsweise 1.000 amerikanische und 2.000 chinesische Soldaten ums Leben kamen, absolvierte Reckless ohne Führer allein an einem Tag 51 Gänge, um die Einheit mit Munition zu versorgen. Dabei lief sie mehr als 35 Meilen durch Reisfelder und steile Bergpfade. Nach dem Entladen der Munition brachte Reckless die verwundeten Soldaten unter feindlichem Beschuss in Sicherheit und wurde dabei selbst zweimal verletzt. Manchmal benutzten die Marines ihre eigenen Splitterschutzwesten, um ihren vierbeinigen Kameraden vor dem Granatfeuer zu schützen.

»Reckless war ein ganz besonderes Pferd und zweifellos spirituell mit ihren Marines verbunden«, sagte Sergeant Harold E. Wadley, in dessen Einheit das Pferd diente. »Der Lärm und die Erschütterungswellen sind unbeschreibbar, aber sie hat alles ertragen. Ich glaube, sie wurde von einem Engel geführt.«

»Reckless hatte einen unersättlichen Appetit«, schrieb Robin Hutton, Autorin des Buches *Sgt. Reckless – America's War Horse* und Präsidentin des Sgt. Reckless Memorial Fund auf einer Website, die dem Pferd gewidmet ist. »Sie aß alles – aber vor allem Rührei und Pfannkuchen zum Frühstück. Sie liebte auch Kuchen, Hershey-Riegel, Süßigkeiten aus den Armeerationen und Coca Cola – sogar Pokerchips, Decken und Hüte, wenn sie ignoriert wurde.«

Als Reckless nach Ende des Koreakriegs mit dem Schiff am Hafen von San Francisco einlief, wurde sie von Hunderten von Menschen als Heldin begrüßt. Sie bekam den Rang eines Sergeants und wurde mit zwei Purple Hearts (Verwundetenabzeichen), der Marine Corps Good Conduct Medal, der United Nations Korea Medal sowie zahlreichen weiteren militärischen Ehren ausgezeichnet. Die Zeitschrift *The Saturday Evening Post* berichtete über ihren Einsatz, als sie noch in Korea war, und das Magazin *Life* nahm sie in die Liste von Amerikas 100 größten Helden aller Zeiten auf.

Reckless verbrachte ihre restlichen Jahre unter VIP-Status in Camp Pendleton in Kalifornien, wo sie ein Stutenfohlen und drei Hengste zur Welt brachte. 1959 wurde sie vom Kommandanten des Marine Corps zum Staff Sergeant (Stabsfeldwebel) befördert und schied am 10. November 1960 mit vollen militärischen Ehren aus dem aktiven Dienst in Camp Pendleton aus, lebte aber weiterhin in dessen Stallungen. Reckless verletzte sich am 13. Mai 1968 an einem Stacheldrahtzaun und starb unter Betäubung während der Behandlung ihrer Wunden. Sie wurde mit vollen militärischen Ehren in Fort Pendleton bestattet. Auf ihrem Grabstein wurde ein gerahmtes Foto angebracht, das sie in der Uniform der 1st Marine Division zeigt. Darunter stehen auf einer Bronzetafel die Worte: »*In memory of Reckless – Pride of the Marines – Korea July 1949 – May 1968.*« Zum 50. Todestag der vierbeinigen Kriegsheldin wurde im Kentucky Horse Park in Lexington von vier Veteranen des Koreakriegs eine 1.000 Pfund schwere Bronzestatue von Reckless enthüllt.

Am Tag vor dem 60. Jahrestag des Endes des Koreakrieges wurde am 26. Juli 2013 im Semper Fidelis Memorial Park im Nationalmuseum des Marine Corps eine Reckless-Statue der Bildhauerin Jocelyn Russell enthüllt, die das Pferd mit Munition und anderer Kampfausrüstung zeigt. Die Gedenktafel der Statue enthält ein Zitat von Sergeant Harold Wadley, der in Reckless' Einheit diente: »Der Geist ihrer Einsamkeit und ihrer Loyalität, trotz der Gefahr, ist unvergesslich. Verletzt. Entschlossen. Und allein. Das ist das Bild, das sich für immer in meinen Kopf und mein Herz eingeprägt hat.«

Aber

Jahrzehnte vor Reckless war ein anderer Vierbeiner zum Sergeant ernannt worden: Stubby, ein Bullterriermischling, der während des Ersten Weltkrieges in der 102. Infanterie der US Army an vier Offensiven und 17 Schlachten teilnahm. Sein Besitzer, Corporal James Robert Conroy, hatte ihn 1917 auf dem Gelände der Yale University gefunden, ihn behalten und unter seinem Mantel aufs Truppenschiff Richtung Frankreich geschmuggelt. In den Schützengräben warnte der Hund seine Einheit vor Giftgasangriffen, er lokalisierte verwundete Soldaten im Niemandsland, und da er das Heulen sich nähernder Artilleriegeschosse früher hören konnte als die Menschen, war es ihm möglich, seine Einheit darauf aufmerksam zu machen, wann sie in Deckung gehen sollte. Er war verantwortlich für die Gefangennahme eines deutschen

Spions in den Argonnen, was dazu führte, dass der Kommandeur seiner Einheit ihm den Rang eines Sergeants verlieh. Nach Ende des Krieges erhielt Stubby zahlreiche Auszeichnungen, wurde in den USA zur Berühmtheit, traf Präsident Woodrow Wilson und begleitete Herrchen Conroy zum Jurastudium an die Georgetown University. Als er 1926 im Schlaf verstarb, widmete ihm die *New York Times* auf einer halben Seite einen Nachruf. Ein Begräbnis mit militärischen Ehren wurde ihm nicht zuteil. Conroy ließ ihn ausstopfen und übergab ihn später dem Smithsonian in Washington, D. C.

IM US-STAAT KENTUCKY ERSAUFEN DIE MENSCHEN IN BOURBON

I m Pferdeland Kentucky, das für seine blau schimmernden Graswiesen berühmt ist, regiert der Bourbon. Knapp acht Millionen Fässer des amerikanischen Whiskeys stehen einer Einwohnerzahl von 4,5 Millionen Menschen gegenüber. Der Bluegrass State, der sich offiziell »Commonwealth of Kentucky« nennt, rühmt sich damit, den Bourbon erfunden zu haben. Damals gehörte Kentucky allerdings noch zu Virginia. Im Jahr 1776 wurde der Teil Virginias, der hinter den Appalachen lag, zum Kentucky County, benannt nach dem Fluss, der dort fließt. 1785 entstand das Bourbon County, eines der heutigen 120 Countys des Staates Kentucky, der 1792 als County von Virginia abfiel und als 15. Staat in die Union aufgenommen wurde. Der Legende nach soll Baptistenpastor

Elijah Craig der Erfinder des Bourbons sein, was historisch jedoch nicht belegt ist. Bekannt ist lediglich, dass er 1789 im damaligen Fayette County eine Destillerie gründete.

Die amerikanische Whiskey-Autorität Charles Kendrick Cowdery glaubt, dass Craig genau die gleiche Art von Whiskey herstellte wie die meisten seiner Zeitgenossen. Der erste Brennereibesitzer, der seine Spirituose Bourbon nannte, soll 1810 Jacob Spears gewesen sein. Wieso er sich für den Namen Bourbon entschied, darüber streiten sich die Geister. Einmal soll Namensgeber das Bourbon County sein, ein anderes Mal die Bourbon Street in New Orleans. Nachvollziehbar ist, dass Spears den Whiskey nach seinem Heimat-County benannte. Anders als irische oder schottische Fabrikate wird der Bourbon mit mindestens 51 Prozent Mais hergestellt und in angekohlten Eichenfässern gelagert.

Die erste industrielle Destillerie in Kentucky war die Hope Distillery, die 1816 in Louisville eröffnete. Der erhoffte Erfolg blieb aus, denn der Markt war zu jener Zeit noch nicht groß genug. Zudem gab es im ganzen Staat um die 2.000 kleine Brennereien. Hope schloss nach wenigen Jahren wieder seine Tore. Erst mit dem Bau der Transcontinental Railroad in der zweiten Hälfte des 19. Jahrhunderts verbreitete sich Whiskey landesweit.

Heute gibt es über 20 Whiskey-Produzenten in Kentucky, wovon der größte mit über drei Millionen Fässern Jim Beam in Clermont ist. Die Destillerie wurde im späten 18. Jahrhundert vom deutschstämmigen Johannes Jakob Böhm gegründet, der sich später in Jacob Beam umbenannte. Er verkaufte seinen Whiskey als Old Jake Beam, später wurde daraus Jim Beam. Die Firma ging 2014 für zwölf Milliarden Euro an den japanischen Spirituosenkonzern Suntory, wird aber weiterhin von einem Mitglied der Beam-Familie geleitet.

95 Prozent des weltweiten Angebots an Bourbon werden in Kentucky produziert, was den Staat zum unangefochtenen Bourbon-Welthegemon macht.

Harte Fakten

Die Einwohner von Kentucky sind pferdeverrückt. Besonders in der Stadt Lexington, die gerne als »Horse Capital of the World« bezeichnet wird. Rings um die Stadt liegen über 400 Pferdezuchtfarmen. Lexington war 2010 der erste Ort außerhalb Europas, an dem die Weltreiterspiele (World Equestrian Games) stattfanden.

DIE MELODIE DER AMERIKANISCHEN NATIONALHYMNE STAMMT VON EINEM BRITISCHEN TRINKLIED

Ihrer Nationalhymne haben die Amerikaner den Namen ihrer Flagge verpasst: *The Star-Spangled Banner*. Das Lied ist seit 1931 die offizielle Hymne des Landes. In der Zeit davor sang man zu gegebenem Anlass entweder *America the Beautiful* oder *America (My country, Tis of Thee)*. Mit beiden Liedern konnten sich viele Amerikaner nicht so richtig anfreunden. Die Melodie des letzteren wurde dem britischen *God Save the Queen* (bzw. seinerzeit »the King«) entlehnt, und den Text des ersteren fanden einige nicht patriotisch genug.

Dabei war die künftige Hymne längst geschrieben, wurde als solche aber erst einmal nicht erkannt. Während des Britisch-Amerikanischen Krieges (1812–1814) gingen die beiden Anwälte Francis Scott Key und John Stuart Skinner am

7. September 1814 in Sachen Gefangenenaustausch auf einer von Präsident James Madison genehmigten Mission an Bord des britischen Flaggschiffes HMS Tonnant. Sie aßen dort mit General Ross und Vizeadmiral Cochrane zu Abend, derweil die beiden Offiziere Pläne für den geplanten Angriff auf Baltimore besprachen, welche die beiden Anwälte mitbekamen. Deshalb wurden sie bis zum Ende der Schlacht auf Schiffen der Briten festgehalten. Der Angriff begann am 13. September und dauerte den ganzen Tag und die ganze Nacht. Als Francis Scott Key am Morgen des 14. sah, dass über Baltimore immer noch das amerikanische Sternenbanner wehte, verfasste er aus lauter patriotischer Freude spontan das Gedicht *Defence of Fort McHenry*. Key gab es später seinem Schwager, dem Richter und Politiker Joseph Hopper Nicholson. Der war der Meinung, dass der Text hervorragend zur Melodie von *To Anacreon in Heaven* passen würde, einem Sauflied, das auf den Schiffen des Kriegsgegners gesungen wurde.

Das Lied, auch *The Anacreontic Song* genannt, war das offizielle Lied der Anacreontic Society, eines Gentlemen-Clubs aus Amateurmusikern aus dem 18. Jahrhundert in London, benannt nach dem griechischen Lyriker Anakreon, der im 6. Jahrhundert v. Chr. Liebe, Wein und heitere Geselligkeit besang. Der britische Komponist John Stafford Smith, Mitglied der Anacreontic Society, hatte das Lied in den 1770er Jahren für seinen Club komponiert.

Nicholson nutzte seinen Einfluss und sorgte dafür, dass *Defence of Fort McHenry* am 20. September sowohl im *Baltimore Patriot* als auch im Magazin *The American* erschien – mit dem Hinweis »Melodie: *Anacreon in Heaven*«. Das Gedicht wurde rasend schnell populär – von Georgia bis New Hampshire druckten es weitere 17 Zeitungen. Wenig später veröffentlichte Thomas Carr vom Carr Music Store in Baltimore die Worte und die Melodie zusammen unter dem Titel *The Star Spangled Banner*. Schon im Oktober feierte das Lied Premiere – der Schauspieler Ferdinand Durang trat damit in Captain McCauley's *Tavern in Baltimore* auf. Der Siegeszug des Liedes zur Nationalhymne sollte allerdings noch ein Jahrhundert dauern. Bis dahin spielten Militär-Bands das Lied bei verschiedenen Anlässen, es ertönte in Sportstadien und ganz besonders am Unabhängigkeitstag (Independence Day) sangen es die Amerikaner mit Inbrunst.

Zu Beginn des 20. Jahrhunderts gab es verschiedene Versionen des Liedes. Auf der Suche nach einer einzigartigen melodischen Standardversion beauftragte Präsident Woodrow Wilson das US-Bildungsministerium mit der Bereitstellung einer offiziellen Version. Das Ministerium bat dazu fünf Musiker um Hilfe, darunter den in Deutschland geborenen Dirigenten des New York Symphony Orchestra, Walter Damrosch. Die standardisierte Version, auf die sich die Musiker geeinigt hatten, wurde am 5. Dezember 1917 in der New Yorker Carnegie Hall unter der Leitung von Damrosch uraufgeführt. Als Nationalhymne hatte der Präsident das Lied damals noch nicht im Sinn.

1930 starteten die Veterans of Foreign Wars eine Petition an die Regierung, *The Star-Spangled Banner* offiziell als Nationalhymne anzuerkennen. Fünf Millionen Menschen unterschrieben. Die Petition wurde am 31. Januar 1930 dem Justizausschuss des Repräsentantenhauses vorgelegt. Die Prozedur nahm ihren Lauf, und Präsident Herbert Hoover erklärte *The Star-Spangled Banner* am 4. März 1931 zur Nationalhymne der Vereinigten Staaten von Amerika. Obwohl die Hymne offiziell alle vier Strophen des Gedichts umfasst, wird generell nur die erste Strophe gesungen, da die drei übrigen eine antibritische Tendenz aufweisen.

Harte Fakten

Wie sich die Amerikaner zu verhalten haben, wenn die Nationalhymne bei öffentlichen Anlässen erklingt, wurde im *United States Code* (Bundesrecht der USA) gesetzlich festgelegt. Demnach haben sich alle Anwesenden, mit Ausnahme derjenigen, die eine Uniform tragen, zur Flagge zu wenden und die rechte Hand aufs Herz zu legen. Männer, die keine Uniform tragen, müssen ihre Kopfbedeckung mit der rechten Hand abnehmen und sie so an die linke Schulter legen, dass sich ihre Hand über dem Herzen befindet. Wer uniformiert ist, soll von der ersten bis zur letzten Note der Hymne salutieren. Ist keine Flagge gehisst, sollen sich alle Anwesenden in die Richtung der Musik wenden und sich so verhalten, als werde die Flagge gezeigt.

Die erste Strophe der amerikanischen Nationalhymne:

Oh, say can you see,
By the dawn's early light,
What so proudly we hailed
At the twilight's last gleaming?

Whose broad stripes and bright stars,
Through the perilous fight,
O'er the ramparts we watched,
Were so gallantly streaming?

And the rockets' red glare,
The bombs bursting in air,
Gave proof through the night
That our flag was still there.

Oh, say does that star-spangled
Banner yet wave
O'er the land of the free
And the home of the brave?

Unsingbar schimpfen es die einen, zu militärisch die anderen, und viele Patrioten stören sich an der Tatsache, dass in der Hymne kein einziges Mal der Name der USA erwähnt wird. Im Internet findet sich seit einiger Zeit eine Petition, die *America the Beautiful* als Nationalhymne fordert.

DER CHAMPION DER KURIOSESTEN WELTREKORDE IST EIN AMERIKANER

Nachdem der New Yorker Keath Furman (*1954) an einer Meditation des spirituellen Lehrers Sri Chinmoy teilgenommen hatte, war ihm klar, dass seine Leistungsfähigkeit unbegrenzt ist, wenn er nur wirklich an sich glaubt. Er nahm den Sanskrit-Namen Ashrita an, was »von Gott beschützt« bedeutet, begab sich fortan in die Welt der Höchstleistungen und hält bis heute die meisten Guinness-Rekorde der Welt.

Er kann beim Jonglieren mit dem Einrad fahren, mit einem Rasenmäher am Kinn herumlaufen und stundenlang freihändig auf einem Pogo-Stick hüpfen. Er nimmt alle möglichen Strapazen auf sich, um so viele Guinness-Weltrekorde wie möglich zu brechen. Furman war seit seiner Kindheit ein Fan des *Buches der Rekorde*, hätte aber nie daran geglaubt, dass er es selbst einmal hineinschaffen würde, geschweige denn, den Rekord im Aufstellen von Weltrekorden zu halten. Dazu war er viel zu unsportlich. Das änderte sich, als er sich für Spiritualität und östliche Philosophie zu interessieren begann und an der Meditationsgruppe von Sri Chinmoy im New Yorker Stadtteil Queens teilnahm. Der Sportler Chinmoy, der 1964 aus Südindien in die USA eingewandert war, gründete 1977 ein Marathon-Team. Er inspirierte seine Meditationsschüler, beim Sport und in allen anderen Lebensbereichen zur »*self-transcendence*«, dem Hinauswachsen über sich selbst, und dabei nicht mit anderen, sondern mit sich selbst in Wettstreit zu treten. Das gab Furman den Ansporn, 1978 an einem 24-stündigen Radrennen im Central Park teilzunehmen. Mit nur zwei Wochen Training schaffte es der New Yorker nach 652 Kilometern auf Platz 3. Er brach sein Wirtschaftsstudium an der Columbia University ab, trat in den Wettstreit mit sich selbst und hüpfte sich 1979 mit 27.000 *jumping jacks* (Hampelmannsprüngen) am Stück ins *Guinness-Buch der Rekorde*. Seine Zeit lag bei sechs Stunden und 45 Minuten – dafür hatte er drei Monate lang trainiert. Seitdem hat Ashrita Furman 700 Rekorde aufgestellt, einschließlich des Weltrekords für die meisten Weltrekorde auf allen Kontinenten. Kurios sind sie allemal. Er trug ein Gedicht in 111 Sprachen vor, jodelte 27 Stunden, zündete auf einem gigantischen Kuchen 72.000 Geburtstagskerzen an, rannte in der Mongolei in einem Sack mit einem Yak um die Wette, schlug Purzelbäume über eine Strecke von fast 20 Kilometern und jonglierte in Malaysia in einem Haifischbecken. Im April 2009 brach er als erster Mensch 100 Rekorde in einem Monat.

»Ich liebe diese Idee, in etwas der Beste der Welt zu sein – nicht als Ego-Ding, sondern als Ziel, das ich erreichen möchte«, erklärt Furman, der, wenn er nicht gerade neue Rekorde aufstellt, seinen Bioladen in Queens managt.

Das *Guinness-Buch der Rekorde* ist keine Erfindung der Amerikaner – die Iren waren schneller! Das Buch war eine Idee des damaligen Geschäftsführers der Guinness-Brauerei in Dublin, Sir Hugh Beaver. Der geriet 1951 als Gast bei einer Vogeljagd im County Wexford in eine heftige Diskussion über die Frage, welches das schnellste Federwild in Europa sei – der Goldregenpfeifer oder das Schottische Moorschneehuhn. Nachdem er auf diese Frage nach der Jagd in keinem Nachschlagwerk eine Antwort fand, kam ihm der Gedanke, dass man solche Streitereien, die in ähnlicher Weise allabendlich in den Pubs des Landes abliefen, mit einem Buch über Rekorde beilegen könnte. Die Idee stieß in der Guinness-Brauerei auf Begeisterung. Die Agentur Fact Finding der Zwillingsbrüder Ross und Norris McWhirter wurde mit dem Schreiben beauftragt, und das erste *Guinness-Buch der Rekorde* erschien im August 1954. Der Rest ist Geschichte.

DIE USA WURDEN EINMAL KLAMMHEIMLICH VON EINER FRAU REGIERT

Der 2. Oktober 1919 war möglicherweise der Tag, an dem erstmals in der amerikanischen Geschichte eine Frau de facto Präsidentin der Vereinigten Staaten wurde. Nur bekam es keiner mit. An diesem Tag erlitt Präsident Woodrow Wilson einen Schlaganfall. Dass die Öffentlichkeit davon erfuhr, war nicht in seinem Sinne – der behandelnde Arzt war zum Stillschweigen verpflichtet. Gattin Edith setzte eine Regierung am Krankenbett ein, die Wilsons Mitarbeiter, das Kabinett und den Kongress im Wesentlichen ausschloss. Eineinhalb Jahre lang leitete sie das Oval Office und übernahm zahlreiche Regierungspflichten, die ihr Mann nicht mehr wahrnehmen konnte. Anders als heute war in der Verfassung nur geregelt, wie bei Amtsenthebung, Tod oder Rücktritt des Präsidenten oder seiner Unfähigkeit, das Amt auszuüben, verfahren wird, nicht jedoch, wenn er seine Pflichten aufgrund von Krankheit nicht mehr wahrnehmen kann. Einen Mechanismus, der die Macht automatisch an den Vizepräsidenten übertragen hätte, gab es nicht. So weigerte sich Wilsons Vize Thomas Marshall, die Präsidentschaft zu übernehmen. Er war nur dann gewillt, als Präsident zu agieren, wenn der Kongress beschloss, dass das Amt tatsächlich vakant sei, und nur wenn der behandelnde Arzt und Mrs. Wilson die Unfähigkeit des Präsidenten, seine Amtspflichten auszuüben, schriftlich bestätigten. Woodrow Wilson war aber keineswegs gewillt, nur wegen eines Schlaganfalls als Präsident zurückzutreten und das Feld Marshall zu überlassen.

Die Bevölkerung wusste nicht, wie es um ihren Präsidenten stand. Ohne dass das Land es merkte, fungierte Edith Bolling Wilson nun als Stellvertreterin des Präsidenten. Sie kontrollierte den Zugang zu ihm, unterzeichnete Dokumente, stellte Vetos aus, isolierte Berater, verfasste Reden zur Lage der Nation, zensierte Korrespondenz und besetzte Positionen. Sie analysierte jedes Problem und entschied, auf welche Probleme der Präsident aufmerksam gemacht und welche auf eigene Faust gelöst werden sollten. Während der ganzen Zeit musste sie die Tatsache, dass das Land nicht länger von Präsident Woodrow Wilson regiert wurde, geheim halten.

»So begann meine Verantwortung«, schrieb Edith Bolling Wilson 1938 in ihrer Autobiografie. »Ich studierte jedes Dokument, das von den verschiedenen Sekretären oder Senatoren geschickt wurde, und versuchte, ihm die Dinge, die trotz meiner ›Wachsamkeit‹ an den Präsidenten gehen mussten, in gekürzter Form zu präsentieren. Ich selbst habe nie eine einzige Entscheidung bezüglich der Disposition öffentlicher Angelegenheiten getroffen. Die einzige Entscheidung, die ich getroffen habe, war, was wichtig war und was nicht, und die sehr wichtige Entscheidung, wann ich meinem Mann Angelegenheiten präsentieren sollte.«

Amerikanische Historiker sind davon überzeugt, dass die First Lady weit mehr wichtige Entscheidungen traf, als sie zugab, da der Präsident sie von Anfang an hinter den Kulissen mitregieren ließ. Er soll keine wichtige Entscheidung getroffen haben, ohne sich vorab mit ihr zu beratschlagen.

Als Woodrow Wilson Edith Bolling Galt kennenlernte, war er bereits seit zwei Jahren Präsident. Er war 59, sie 43, beide waren verwitwet. Es soll Liebe auf den ersten Blick gewesen sein, als Helen Woodrow Bones, eine Cousine des Präsidenten, ihm Edith im März 1915 im Weißen Haus vorstellte. Sie heirateten im Dezember desselben Jahres. Als First Lady hielt sie sich in den Kriegsjahren an benzinfreie Sonntage, fleischlose Montage und weizenfreie Mittwoche, um ein Beispiel für die Rationierungsbemühungen des Landes zu geben. Sie ließ Schafe auf dem Rasen des Weißen Hauses grasen, anstatt ihn mähen zu lassen, und ließ die Wolle der Tiere zugunsten des amerikanischen Roten Kreuzes versteigern. Als die USA während Wilsons zweiter Amtszeit 1917 in den Ersten Weltkrieg eintraten, begleitete Edith ihren Gatten in den Jahren 1918 und 1919 zu Truppenbesuchen in Europa und zur Unterzeichnung des Versailler Vertrages. Ihre ständige Anwesenheit irritierte und frustrierte seine Berater. Wilson hatte sie jedoch gerne im Oval Office dabei, wenn er seinen Geschäften nachging, was zu Anschuldigungen führte, dass sie unangemessenen Einfluss darauf hatte, wer Zugang zum Präsidenten erhielt. In der Zeit, als Wilson sein Amt aufgrund der Folgen seines Schlaganfalls monatelang nicht ausüben konnte, warfen politische Gegner ihr Unterschriftsfälschung vor – sie waren davon überzeugt, dass sie ihrem Mann am Krankenbett manch wichtiges Papier vorenthielt. Es heißt, dass der Präsident sie bereits vor seinem Schlaganfall in Verschlusssachen eingeweiht und sie mit der Kodierung und Dekodierung verschlüsselter Nachrichten betraut hatte.

Der Medizinhistoriker Dr. Howard Markel ist davon überzeugt, dass Edith bis zum Ende der Amtszeit Wilsons 1921 im Grunde genommen die »Hauptgeschäftsführerin der Nation« war.

Woodrow Wilson starb 1924, Edith überlebte ihn um 37 Jahre.

Übrigens

»Amerikas erste Präsidentin? Die gab es schon!«, schrieben Zeitungen, als Hillary Clinton 2016 zum Wahlkampf antrat. Die *Washington Post* fragte: »*Did we once have an unelected Madam President?*«. Sie bezogen sich auf Edith Bolling Wilson.

DIE HEILIGEN IN DEN USA STEHEN POLITISCH LINKS

Dorothy Day (1897–1980) gilt in den USA als Randkuriosität. Als Studentin an der University of Illinois wurde sie Mitglied der Sozialistischen Partei Amerikas, als Journalistin schrieb sie für linke Blätter, und nach der Geburt ihres ersten Kindes entdeckte sie Gott und trat der katholischen Kirche bei. Da ihre Leidenschaft für den Sozialismus und ihre Liebe zu Gott aber nicht durch den Katholizismus in Einklang gebracht werden konnten, pilgerte sie Ende 1932 zur Basilica of the National Shrine of the Immaculate Conception (Nationaler Schrein der Unbefleckten Empfängnis) in Washington, D. C., und flehte Gott an, er möge ihr eine Möglichkeit zeigen, wie sie ihre radikalen sozialen und politischen Überzeugungen innerhalb der katholischen Kirche leben könne. Zurück in New York traf sie wenig später den katholischen Sozialaktivisten Peter Maurin und war sich sicher, dass er die Antwort auf ihr Gebet war.

Der aus Frankreich stammende Maurin wies Day in die römisch-katholische Soziallehre ein und in seine Ideen für eine radikale Form des katholischen Lebens, die auf einem »Drei-Punkte-Programm« beruhten: (1) Häuser der Gastfreundschaft, in denen die Werke der Barmherzigkeit täglich praktiziert werden konnten. (2) Diskussionsrunden zur Klärung des Denkens und (3) Farmgemeinden, in denen Arbeiter und Gelehrte auf dem Land abseits der entmenschlichenden Bedingungen im industrialisierten städtischen Amerika zusammenleben und arbeiten würden. Dieses Drei-Punkte-Programm einschließlich der Publikation einer Zeitung, die Leser in das katholische Sozialdenken einweisen sollte, bot Dorothy Day ein Modell für ein radikales christliches Leben inklusive direktem Handeln. Eine Synthese von sozialer Gerechtigkeit und der Nähe zu Gott innerhalb des Katholizismus schien nun möglich.

Anfang 1933 begann Day, Maurins Programm in die Tat umzusetzen. Zuerst gründete sie die Zeitung *The Catholic Worker*, die sie die kommenden 47 Jahre als Chefredakteurin leiten sollte. Die Zeitung, die noch heute siebenmal jährlich erscheint, gilt als christlich-anarchistisches Blatt und als einzigartiges Beispiel für den radikalen *advocacy journalism* (anwaltschaftlichen Journalismus). Die erste Ausgabe wurde am 1. Mai 1933 direkt neben der Zeitung *Communist Daily Worker* auf dem Union Square verteilt. Dieses Datum markiert auch den Beginn der katholischen Arbeiterbewegung. Fast sofort begannen Day und die Autoren der Zeitung, die hungrigen und obdachlosen Menschen aufzunehmen, die sich um ihre Wohnung im New Yorker Bowery-Bezirk versammelten, in der die Zeitung produziert wurde. Bis 1934 lebten Day und die Catholic Workers ein Leben in freiwilliger Armut, während sie täglich mehreren

Hundert arbeitslosen Frauen und Männern heiße Suppe und Kaffee servierten. In zahlreichen Städten in den USA wurden bald Houses of Hospitality eröffnet, in denen Gäste begrüßt und Bedürftige bedient wurden. Artikel im *Catholic Worker* berichteten über die Zwangsräumung von Arbeitslosen aus ihren Wohnungen, Streiks, die Unterstützung der katholischen Kirche für Gewerkschaften, das Lynchen von Schwarzen im Süden, Kinderarbeit, die elenden Bedingungen für Fabrikarbeiterinnen und die Kriege in Äthiopien, China und Spanien.

Als Dorothy Day 1936 erklärte, sie und *The Catholic Worker* seien als Reaktion auf den spanischen Bürgerkrieg »pazifistisch«, stieß sie sowohl bei den Kirchenführern als auch bei den Katholiken auf Widerstand, die zuvor ihren sozialbewussten Katholizismus bewundert hatten. Mit überwältigender Mehrheit unterstützten Katholiken weltweit den katholischen General Franco. Day sah Böses auf beiden Seiten. Sie hielt ihren und den Pazifismus der katholischen Arbeiter während der Kriege des 20. Jahrhunderts aufrecht. Ihr pazifistischer Standpunkt während des Zweiten Weltkriegs führte zu einem starken Rückgang der Abonnements des *Catholic Worker*.

Nach dem Zweiten Weltkrieg protestierte sie gegen den Bau von Atombomben und hoffte, dass das Zweite Vatikanische Konzil Gewaltfreiheit als Grundprinzip des katholischen Lebens befürworten und Atomwaffen anprangern würde, sowohl ihre Verwendung in der Kriegsführung als auch die »Idee, Waffen als Abschreckungsmittel einzusetzen, um ein Gleichgewicht des Terrors herzustellen«. Sie war erfreut, als das Konzil in *Gaudium et spes* 1965 in seiner Erklärung zur »Kirche in der modernen Welt« sagte, dass die Atomkriegsführung mit der traditionellen katholischen Theorie des gerechten Krieges unvereinbar sei: »Jeder Kriegsakt, der auf die wahllose Zerstörung von ganzen Städten oder weiten Gebieten samt ihren Einwohnern gerichtet ist, ist ein Verbrechen gegen Gott und den Menschen.«

In den 1970er Jahren traf sie Mutter Teresa in Indien, flog nach Moskau und besuchte die Gräber der drei amerikanischen Kommunisten Ruthenberg, Haywood und Reed an der Kreml-Mauer und unterstützte in Kalifornien den Gründer der amerikanischen Landarbeitergewerkschaft United Farm Workers, César Chávez.

1972 feierte die Jesuitenzeitschrift *America* Dorothys 75. Geburtstag, indem sie Day und der katholischen Arbeiterbewegung eine ganze Ausgabe widmete. Die Herausgeber schrieben: »Wenn man eine einzelne Person auswählen müsste, um das Beste im Streben und Handeln der amerikanischen katholischen Gemeinschaft in den letzten vierzig Jahren zu symbolisieren, wäre diese eine Person sicherlich Dorothy Day.« Die unermüdliche Kämpferin für Gerechtigkeit starb am 29. November 1980 in New York an einem Herzinfarkt.

»Eine Nation kann als großartig angesehen werden, wenn sie nach Gerechtigkeit strebt und sich der Sache der Unterdrückten annimmt, so wie Dorothy Day es mit ihrer unermüdlichen Arbeit getan hat«, sagte Papst Franziskus während seiner Rede vor dem US-Kongress im September 2015.

Harte Fakten

Drei Jahre nach ihrem Tod wurde die Seligsprechung Dorothy Days vorgeschlagen. Es sollte allerdings noch 17 Jahre dauern, bis Papst Johannes Paul II. das Erzbistum New York bevollmächtigte, das Seligsprechungsverfahren zu eröffnen. Im November 1997 schlug der mittlerweile verstorbene Erzbischof von New York, John Kardinal O'Connor, vor, Day heiligzusprechen. Der Kanonisierungsprozess wurde im April 2016 in New York eingeleitet.

IN DEN USA WERDEN FÜR DIE SCHRÄGSTEN IDEEN PATENTE VERGEBEN

Im April 1790 unterzeichnete Präsident George Washington das erste Patentgesetz der USA. Wer etwas patentieren lassen wollte, musste sich an Außenminister Thomas Jefferson richten, der zusammen mit Justizminister Edmund Randolph und Kriegsminister Henry Knox entschied, ob die Erfindung nützlich genug und ein Patent wert war. In jenem Jahr wurden drei Patente vergeben, wovon das erste am 31. Juli 1790 an den Erfinder Samuel Hopkins für einen Herstellungsprozess von Pottasche ging.

Seit Gründung des offiziellen Patentamts 1836 wurden über zehn Millionen Patente vergeben, viele davon im 20. Jahrhundert für kuriose Erfindungen. Wie den *comb over*, das Drei-Wege-Kämmen, das erfolgreich eine Halbglatze verbirgt.

Dazu lassen Betroffene die wenigen noch vorhandenen Haare an den Seiten lang wachsen, teilen diese dann in drei Abschnitte und kämmen sie abschnittsweise in drei verschiedene Richtungen über die kahle Stelle. Die nun entstandene Frisur wird kräftig mit Haarspray fixiert, damit sie beim nächsten Windstoß nicht auseinanderfliegt und die kahlen Stellen wieder freilegt. Für ihre Idee erhielten Donald J. Smith und sein Vater Frank J. Smith aus Florida im Mai 1977 das Patent mit der Nummer 4.022.227. Nützlichkeitswert laut Erfinder: die perfekte Alternative für diejenigen, die sich keine teure Haartransplantation oder ein Toupet leisten können.

Auf eine ganz besondere Idee kam jemand, der mitten in der Nacht auf die Toilette ging, den Lichtschalter nicht fand, im Dunkeln herumstolperte und nicht sah, ob der Deckel oben oder unten war. Er erfand daraufhin die außergewöhnlichen *toilet landing lights* (Toilettenlandescheinwerfer). Unter dem Rand der Toilette befindet sich eine wasserdichte Beleuchtung, die dieser einen fast mystischen Glanz verleiht. Die Erfindung wurde 1993 patentiert.

Sicheres Küssen hatte Deloris Gray Wood mit ihrem *kissing shield* im Sinn. Wer gerne küsst, sich aber vor einer Krankheit fürchtet, für den ist diese Keimbarriere ein Muss. Sie besteht aus einer dünnen Latexmembran, die kunstvoll über einen herzförmigen Rahmen gespannt ist. Der Rahmen besteht aus einem Stützelement und einem länglichen Griff. Das Stützelement passt sich an den unteren Teil des Gesichts des Benutzers an und hat eine ausreichende Abmessung, um die Lippen und den größten Teil der Wangen zu bedecken. Das Kussschild wird zwischen die Lippen des Benutzers und die Lippen der Person, die er küssen möchte, gehalten. Die Erfinderin heimste für das praktische Teil 1998 zwar ein Patent ein, von Erfolg gekrönt war es jedoch nicht.

Damit übermäßiges Essen nicht zur Fettleibigkeit führt, erfand Lucy Barmby Ende der 1970er Jahre die *anti-eating face mask*. Diese Art Mundkäfig ist so konzipiert, dass man atmen und sprechen, aber nicht essen kann. Er enthält ein becherförmiges Element, das der Form des Mund- und Kinnbereichs des Benutzers entspricht und in einem ovalen Ring angebracht ist, der mit Riemen am Kopf befestigt wird. Für ihre Idee wurde die Erfinderin 1980 mit einem Patent belohnt, nutzen wollte es jedoch keiner.

Auch der *hand near mouth alarm* sollte vor übermäßigem Essen warnen. Das armbanduhrähnliche Gerät verfügt über einen dreiachsigen Lagesensor, der einen Alarm auslöst und den gedankenlosen Esser davor warnt, dass sich seine Hand in der Nähe seines Mundes befindet. Laut Erfinder eignet sich der Alarm auch für Raucher, Trinker und Nasenbohrer. Er bekam dafür 1990 ein Patent.

Übrigens

Thomas Jefferson, der in den ersten Jahren für die Vergabe von Patenten verantwortlich war, hat seine eigenen Erfindungen nie patentieren lassen (siehe »Ein US-Präsident erfand den Drehstuhl und andere nützliche Dinge«, S. 169). Sein Amtskollege Abraham Lincoln erhielt rund ein halbes Jahrhundert später im Jahr 1849 das Patent Nr. 6469 für eine Vorrichtung zum Heben von Booten über Untiefen. Seine Erfindung ging zwar nie in Produktion, sie machte ihn jedoch zum einzigen US-Präsidenten, der je ein Patent besaß.

DIE WASCHMASCHINEN IN DEN USA HABEN NUR EINE BEGRENZTE WASCHKRAFT

Ratlos stand ich mit einem Korb Wäsche vor der riesigen Waschmaschine. In amerikanischen Waschmaschinen wird die Wäsche nicht in einer Trommel gedreht, sondern mit einer Art Rührstab gequirlt. Einen Einstellknopf mit Gradangaben gab es nicht, lediglich die Begriffe *cold, warm, hot* und *extra hot* sowie *Jeans, bulky bedding* und *sanitary*. Waschdauer 10 Minuten *(cold)* bis eine Stunde *(sanitary)*. Aber wie sauber wird die Wäsche bei niedrigen Temperaturen in wenigen Minuten? Ich stopfte die Wäsche in den Top-Lader und versuchte mein Glück mit *extra hot*.

Als ich die Wäsche 20 Minuten später herausholte, war sie erwartungsgemäß nicht sauber – wie auch, in nur 20 Minuten. Ich versuchte es noch einmal mit *sanitary*, das für hygienische Sauberkeit steht, aber strahlend sauber war die Wäsche noch immer nicht. Das flüssige Waschmittel Surf versprach zwar »*max performance*«, aber wenn das schon die Höchstleistung war? Vielleicht sollte ich einfach ein anderes Waschmittel kaufen. Das Angebot bei Meijer's (*der* Supermarktkette im Mittleren Westen) war mickrig – mehr als Clorox, Surf und Tide stand nicht in dem gigantischen Regal. Nix mit Slogans wie Riesenwaschkraft, entfernt Flecken schon bei 30 ° (bzw. 86 °F), hygienische Sauberkeit bei 40 ° (104 °F) usw. Stattdessen versprach Tide: »*Get great performance out of your washer with Tide for cold water.*« Keines der Waschmittel zeigte einen Hinweis auf 140 °F (60 °C).

Ich fragte eine Supermarktmitarbeiterin, die sich über meine Frage nach einem Heißwaschmittel wunderte. Die Flecken gehen mit Surf nicht raus? Sie drückte mir das mit Bleiche versehene Clorox in die Hand und meinte, das wirke garantiert. Das ist nun schon ein paar Jahre her. Im Pandemiejahr 2020 habe ich gelesen, dass Clorox, das damit wirbt, 99,9 Prozent aller Bakterien und Viren zu töten, nun in Zeiten von Corona der absolute Verkaufsschlager war. Selbst als der Dow Jones auf Talfahrt war, stiegen die Kurse für Clorox-Aktien um über 20 Prozent.

Clorox wusch zwar die weiße Wäsche auch mit kaltem Wasser strahlend weiß, die Buntwäsche war hinterher allerdings nicht mehr ganz so farbenfroh. Ich fand heraus, dass Waschmaschinen Made in USA über keine integrierten Heizstäbe verfügen, sondern an die Warmwasserleitung angeschlossen sind. Da das Wasser aus amerikanischen Wasserhähnen aus Sicherheitsgründen nie heißer als 120 Grad Fahrenheit (ca. 49 °C) wird, wenn überhaupt, ist Kochwäsche unbekannt. Eine Freundin aus Detroit, die zwei Jahre in Deutschland lebte und sich hier über die Leistungskraft ihrer Waschmaschine freute, meinte: »Ist doch klar, unsere Waschmaschinen mit der begrenzten Waschkraft kurbeln die Wirtschaft an. Die Flecken in der Kleidung gehen nicht raus, T-Shirts und Unterwäsche bekommen Löcher, also müssen wir ständig neue Klamotten kaufen, die in den USA allerdings weit billiger sind als in Deutschland. Hätten wir bessere Waschmaschinen, würden Klamotten länger halten, günstige Bekleidungsläden hätten weniger Umsatz und müssten letztendlich schließen. Das würde die Arbeitslosenzahl erhöhen. Ist doch klar: billige Klamotten, schlechte Waschmaschinen – hier würde doch ein komplettes Business-System zusammenbrechen!«

»Wer in den USA saubere Wäsche will, sollte besser neue kaufen« schrieb im Januar 2018 die *WirtschaftsWoche* und war der Meinung, dass sich das Land, das Innovationen wie das iPhone hervorgebracht hat, sich in puncto Waschmaschinen noch im Zeitalter der Pferdekutschen befände. Apropos iPhone ... Von Erfinder Steven Jobs ist bekannt, dass er sich eine Waschmaschine aus Europa liefern ließ. »Europäische Waschmaschinen waschen gründlicher und sind sanfter zu Textilien, sodass sie länger halten«, so Jobs, der seine berühmten schwarzen Rollis in einem Gerät von Miele wusch.

Aber

Es gibt auch in den USA Waschmaschinen mit Trommel und integriertem Heizstab, die die Wäsche schonend sauber waschen. Sie sind allerdings nicht sehr verbreitet, kosten weit mehr als die amerikanischen Top-Lader, und Trumps Zollpolitik tat ihr Übriges. Ende Januar 2018 wurde die Einfuhr von im Ausland produzierten Waschmaschinen mit einer Sonderabgabe von 20 Prozent belegt. Übersteigt der Import 1,2 Millionen Geräte, steigt der Satz auf 50 Prozent.

DIE AMERIKANER SPIELEN GERNE BÜRGERKRIEG

Die Wiesen sind übersät mit Zelten aus Segeltuch. In einem Halbkreis sitzen Soldaten in der blauen Uniform der Unionstruppen, braten Speck und brühen Kaffee über einem Feuer, einer spielt Banjo. Gleich werden sie in die Schlacht gegen die Truppen der Konföderierten ziehen. Gewehre werden geputzt, Kanonen in Stellung gebracht, die Pferde gesattelt. Eine Trompete bläst zum Angriff. Soldaten stürmen aus den Zelten, schwingen sich mit ihren Gewehren auf die Pferde und reiten auf die feindliche Armee zu, die sich von links nähert. In vorderster Front reitet ein Leutnant und schwenkt die Flagge der Union, ein Banner mit 34 Sternen. Auf der Gegenseite flattert die rote Konföderiertenflagge, das *Stainless Banner*, mit weiß umrahmtem blauen Andreaskreuz, das mit dreizehn weißen Sternen bedeckt ist. Auf Seiten der Konföderierten werden Kanonenkugeln abgefeuert, die grau uniformierten Soldaten der Südstaatenarmee sind zum Angriff bereit. Hufen donnern, der Geruch von Schwarzpulver liegt in der Luft, der unverwechselbare Rebellenschrei *(rebel yell)* wird vom Lärm der Artilleriegeschosse übertönt. Ein Soldat nach dem anderen wird vom Pferd geschossen. Verwundete werden von Soldaten beider Seiten vom Schlachtfeld gezogen und in eines der Zelte gebracht. General Robert Lee, der Oberbefehlshaber der konföderierten Truppen, steht an seinem Kommandozelt und sieht den Sieg schwinden. Die Armee der Union ist deutlich in der Überzahl.

Was aussieht wie der Dreh zu einem Historienfilm, ist das jährlich stattfindende Spektakel Gettysburg Civil War Battle Reenactment. Die Nachstellung der Schlacht, die während des Amerikanischen Bürgerkriegs von 1. bis 3. Juli 1863 in und um die Stadt Gettysburg in Pennsylvania tobte, findet als *reenactment* jährlich in der Nähe der Originalschauplätze statt. Um die 4.000 *reenactors* werfen sich Anfang Juli in historische Uniformen und erinnern in nachgestellten Kämpfen an die folgenschwerste Schlacht des Amerikanischen Bürgerkriegs. Die Tatsache, dass fast ein Viertel der Kämpfer der Nordstaatenarmee deutsche Wurzeln hatte, ist für manch einen Deutschen Grund genug, zum Jahrestag der Schlacht nach Gettysburg zu reisen und sich als Laiendarsteller einzubringen.

Veranstalter ist das 1995 in Gettysburg gegründete Gettysburg Anniversary Committee, das mit dem *reenactment* ein Stück amerikanische Geschichte lebendig darstellen möchte und damit jedes Jahr im Juli über 20.000 Besucher anzieht – zum 150. Jahrestag zählte man sogar 50.000. Passend zur Szenerie werfen sich viele Teilnehmer in Kostüme und Uniformen der 1860er Jahre.

Reenactments finden an weiteren Schauplätzen des Amerikanischen Bürgerkrieges statt, das in Gettysburg ist jedoch mit Abstand das größte. Hier gewannen die Unionstruppen die Schlacht gegen General Lees Konföderiertenarmee am dritten Tag für sich und ebneten mit ihrem Sieg die Einheit der Nation und den Weg zur Abschaffung der Sklaverei. Auf dem Schlachtfeld standen sich 85.000 Soldaten gegenüber. Insgesamt gab es mehr als 50.000 Tote, Verletzte und Vermisste. Südstaatengeneral Lee verlor ein Drittel seiner Truppe.

Harte Fakten

Die Ursache des amerikanischen Bürgerkriegs lag vor allem, aber nicht nur, in der Frage der Sklavenhaltung. Als der Gegner der Sklaverei, Abraham Lincoln, im November 1860 zum Präsidenten gewählt wurde, traten die meisten Südstaaten aus Protest aus der Union aus, wählten im Februar 1861 Jefferson Davis zum Präsidenten der Konföderierten Staaten und erklärten der Union im April den Krieg, der von Anfang an zum Scheitern verurteilt war. Die Union verfügte über eine Armee von über 2,8 Millionen Mann, der Konföderiertenarmee standen mit knapp über einer Million weniger als die Hälfte zur Verfügung. Der Südstaatengeneral General Lee kapitulierte im April 1865.

IN DEN USA GEHEN AUCH METROPOLEN INSOLVENT

N ach jahrelangem Kampf gegen den Bankrott beantragte Detroit am 18. Juli 2013 als erste Großstadt der USA Insolvenz. Mit ihren verfallenen Häusern und leeren Straßenzügen glich die einstige Millionenmetropole und Geburtsstadt der amerikanischen Autoindustrie damals einer Geisterstadt. Nichts erinnerte mehr daran, dass hier einst der Siegeszug des American Way of Life begann. Die Stadt, aus der die »Big Three« – Ford, General Motors und Chrysler – den weltweiten Automarkt beherrschten; in der Barry Gordy 1959 mit Motown Records erstmals eine Plattenfirma gründete, die mit ihrem unverkennbaren Sound reihenweise schwarze Künstler in die damals überwiegend weißen Popcharts brachte – und ihn zeitweise zum reichsten schwarzen Amerikaner machten.

Die Pleite der Stadt war in jenem Sommer häufig Thema an unserem Esstisch in Grand Rapids, da mein Mann als Anwalt für Insolvenzrecht in das Verfahren involviert war. Wie konnte es so weit kommen, dass die Stadt bankrott gegangen war?

Das einstige Zugpferd der amerikanischen Wirtschaft lag bereits seit vierzig Jahren im Sterben. Nach der Ölkrise 1973 waren die benzinfressenden Straßenkreuzer nicht mehr so gefragt, was die erste große Absatzkrise bei den »Big Three« auslöste, die zweite folgte wenige Jahre später, als die Konkurrenz aus Japan der US-Autoindustrie einen kräftigen Schlag versetzte, von dem sie sich nie mehr ganz erholte. Die Finanz- und Hypothekenkrise 2008 tat ihr Übriges. Wie ein Mensch, der von einer unheilbaren Krankheit befallen ist, starb Detroit seitdem jeden Tag ein Stückchen mehr.

Schon seit Jahren wurde Detroit in den Medien »capital of decay« (Hauptstadt des Zerfalls) genannt. Die Einwohnerzahl schrumpfte von fast zwei Millionen im Jahr 1950 auf 700.000 zusammen. 85 Prozent der Bevölkerung sind Afroamerikaner, die meisten Weißen haben Detroit nach den Rassenunruhen 1967 verlassen. Fast die Hälfte der Innenstadt war seit 2008 unbewohnt. In keiner anderen Stadt der USA hatte es seit der Finanz- und Hypothekenkrise so viele Zwangsvollstreckungen gegeben: 250.000 an der Zahl. Käufer für die leerstehenden Häuser fanden sich nicht. Wie denn auch? Die Stadt hatte eine offizielle Arbeitslosenquote von 30 Prozent, inoffiziell sollen es sogar 50 Prozent gewesen sein.

Wenn ich damals durch das menschenleere Stadtzentrum fuhr, sah ich neben Bürotürmen vor allem eines: zugenagelte oder verfallene Häuser. Stadtteile waren zu Slums verkommen, in denen Armut und Kriminalität herrschten. Detroit stand auf der Liste der gefährlichsten und ärmsten Städte Amerikas an vorderster Stelle. Abschnitte der einstigen

Prachtmeile Detroits, der Woodward Avenue, erinnerten an Fotos des zerbombten Nachkriegsberlins. Oder wie der in Michigan lebende Filmemacher Michael Moore sagte: »Teile Detroits sehen aus wie die Landschaft eines anderen Planeten!« Der Schutt bereits vor Jahren abgerissener Häuser türmte sich am Straßenrand. Verlassene Wolkenkratzer mit eingeschlagenen Fensterscheiben beherrschten das Straßenbild. Opfer des Vandalismus.

Im Februar 2013 wählte das Wirtschaftsmagazin *Forbes* Detroit zur »elendsten und ärmlichsten« Stadt der USA.

In der einstigen Boomtown boomten jetzt Pfandleihen, Zwangsvollstreckungen und Suppenküchen für die Armen. Die Stadt war mit geschätzten 18–20 Milliarden Dollar verschuldet und die Insolvenz der letzte Ausweg aus der Misere. Das zuständige Insolvenzgericht beschloss einen engen Zeitplan – bis zum 1. März 2014 sollte die Stadt einen Restrukturierungsplan vorlegen. Dieser wurde mehrmals angepasst, bis der Insolvenzrichter den Plan im November desselben Jahres für gesetzmäßig und gültig erklärte. Das Insolvenzverfahren nach Chapter 9 konnte nun eingeleitet werden. Chapter 9 ist ein Abschnitt des Insolvenzrechts der USA, der das Sanierungsverfahren für Gemeinden und Kommunen regelt.

Detroit stieg langsam wie Phoenix aus der Asche wieder auf. Investoren kauften Grundstücke und Immobilien für wenig Geld, Start-up-Unternehmen siedelten sich an, die Innenstadt erhielt ein Makeover, und junge Menschen kehrten nach Downtown zurück. Im Zuge der Sanierung wurden bis heute 17.000 verlassenen Häuser abgerissen – bis 2025 sollen weitere 23.000 unbewohnte und verfallene Gebäude aus dem Straßenbild verschwinden. Die *New York Times* zählt Detroit heute zu den interessantesten Städten der USA.

Detroit war nicht die erste amerikanische Stadt, die pleiteging. Seit 1937 gab es in den USA über 600 Insolvenzen von Städten, Dörfern und Landkreisen. Die größte frühere Insolvenz nach Chapter 9 ereignete sich 2011 in Jefferson County, Alabama.

EIN AMERIKANISCHER PRÄSIDENT SCHAFFTE ES IN DIE NATIONAL WRESTLING HALL OF FAME

Abraham Lincoln, der 16. Präsident der USA, wird bis heute von den Amerikanern als großer Staatsmann verehrt. Er war berühmt für seine öffentlichen Reden, seine Debatten und für die Abschaffung der Sklaverei. Dass er dank seiner langen Gliedmaßen als junger Mann auch ein versierter Ringkämpfer *(wrestler)* war, ist heute weniger bekannt. In 300 Kämpfen soll er nur einmal besiegt worden sein. Laut Carl Sandburgs Lincoln-Biografie forderte Abe einmal die Zuschauer heraus, nachdem er einen Gegner erledigt hatte: »Ich bin der große Bock in diesem Ring. Wenn einer von euch sich die Hörner wetzen will, nur zu.« Keiner traute sich. Lincolns Ringkampfkunst brachte ihm einen Ehrenplatz als Outstanding American (herausragender Amerikaner) in der National Wrestling Hall of Fame in Oklahoma ein.

Lincolns Geschick als Ringer machte in der Politik erstmals während der Debatten von 1858, die Teil der Kampagne für einen Sitz im US-Senat in Illinois waren, die Runde. Überraschenderweise war es Lincolns ewiger Gegner, Stephen Douglas, der es zur Sprache brachte. Er bezog sich während der ersten Lincoln-Douglas-Debatte in Ottawa, Illinois, am 21. August 1858 in einem von der *New York Times* als »amüsant« bezeichneten Lebensabschnitt auf Lincolns langjährigen Ruf als Ringer. Douglas erwähnte, Lincoln seit Jahrzehnten zu kennen, und fügte hinzu: »Er konnte jeden der Jungs beim Ringkampf schlagen.« Erst nachdem Douglas dieses eher scherzhafte Lob ausgesprochen hatte, attackierte er Lincoln und schimpfte ihn einen »abolitionistischen schwarzen Republikaner«. Lincoln verlor diese Wahl, aber zwei Jahre später, als er als Präsidentschaftskandidat der jungen Republikanischen Partei nominiert worden war, kam das Thema Wrestling erneut auf.

Während der Präsidentschaftskampagne 1860 druckten einige Zeitungen die Kommentare nach, die Douglas zwei Jahre zuvor über Lincolns Fähigkeiten im Ringkampf gemacht hatte. Der Ruf als athletischer Junge, der im Wrestling aktiv gewesen war, wurde von seinen Anhängern verbreitet. John Locke Scripps, ein Zeitungsmann aus Chicago, schrieb eine Kampagnenbiografie über Lincoln. Der Text wurde während der Präsidentschaftskampagne veröffentlicht, sodass die Wähler erfuhren, wer sich hier ums Präsidentenamt bewarb. Lincoln erhoffte sich damit mehr Chancen. Darin steht: »Es ist kaum notwendig hinzuzufügen, dass er sich auch in den Tugenden der Stärke, Agilität und Ausdauer, die den Grenzbewohnern in seinem Lebensraum eigen sind, ganz besonders hervorgetan hat. Beim Ringen, Springen, Laufen und Stangenwerfen stand er unter Gleichaltrigen immer an erster Stelle.« (Erklärung: Gebiete, die an Indianerland grenzten, wurden *borderland* genannt, die Menschen, die dort lebten, *frontier people*. Lincoln wuchs in Kentucky auf, das damals an Indianerland grenzte.)

Die Kampagnengeschichten von 1860 pflanzten einen Samen. Nach seinem Tod setzte sich die Legende von Lincoln als großem Ringer durch, und die Geschichte eines bestimmten Kampfes, der Jahrzehnte zuvor stattgefunden hatte, wurde zu einem Bestandteil der Lincoln-Legende.

Die Geschichte hinter dem legendären Kampf ist, dass Lincoln sich Anfang 20 im Grenzort New Salem, Illinois, niedergelassen hatte. Er arbeitete in einem Gemischtwarenladen und konzentrierte sich hauptsächlich darauf, zu lesen und sich weiterzubilden. Lincolns Arbeitgeber, Denton Offutt, gab mit der Stärke seines Angestellten an, der 1,93 Meter groß war. Aufgrund von Offutts Prahlerei wurde Lincoln aufgefordert, gegen Jack Armstrong zu kämpfen, einen lokalen Tyrannen, der Anführer einer Gruppe von Störenfrieden war, die als Clary's Grove Boys bekannt waren. Armstrong und seine Freunde spielten Neuankömmlingen in der Gemeinde gemeine Streiche. So zwangen sie diese in ein Fass zu steigen, nagelten den Deckel zu und rollten das Fass einen Hügel hinunter.

Ein Einwohner von New Salem, der sich Jahrzehnte später an das Ereignis erinnerte, sagte, die Stadtbewohner hätten versucht, Lincoln dazu zu bringen, gegen Armstrong in einem Ringkampf anzutreten. Lincoln lehnte zunächst ab, stimmte aber schließlich einem Wrestling-Match zu. Eine Zuschauermenge versammelte sich vor Offutts Laden, und die Einheimischen setzten Wetten. Nach dem obligatorischen Händedruck kämpften die beiden jungen Männer eine Zeit lang gegeneinander, aber keiner schien dem anderen überlegen zu sein. Schließlich versuchte Armstrong laut einer Version der Geschichte, die in unzähligen Lincoln-Biografien wiederholt wurde, Lincoln zu foulen, indem er über ihn stolperte. Wütend über die schmutzige Taktik packte Lincoln Armstrong am Hals und schüttelte ihn mit seinen langen Armen wie einen Lappen. Als es so aussah, als würde Lincoln das Match gewinnen, näherten sich Armstrongs Clary's Grove Boys. Einer Version der Geschichte zufolge stand Lincoln mit dem Rücken zur Wand des Gemischtwarenladens und verkündete, dass er jeden Mann einzeln bekämpfen würde, aber nicht alle gleichzeitig. Jack Armstrong beendete den Kampf und erklärte, Lincoln habe ihn fair besiegt und sei »der beste Typ«, der sich je an diesem Ort niedergelassen hatte. Die beiden Gegner gaben sich die Hand und waren von diesem Zeitpunkt an Freunde. So die Legende.

Aber

Nicht nur Lincoln hatte vor seiner Präsidentschaft den Ruf eines Athleten weg. Dwight Eisenhower machte sich während seiner Zeit an der Militärakademie West Point als *halfback* und *linebacker* im Football-Team der Akademie einen Namen und wurde später Football-Trainer auf verschiedenen Armeestützpunkten. Und Gerald Ford soll einer der besten Athleten gewesen sein, die je im Oval Office saßen. Als Student war er im Football-Team der University of Michigan, gewann zwei nationale Meisterschaften und bekam nach dem Studium Angebote von Teams der National Football League. George Bush senior spielte Baseball im Team der Yale University und soll als *fielder* ziemlich gut gewesen sein.

FAST, ABER NUR FAST, HÄTTEN DIE USA MAL EINE GESETZLICHE KRANKEN- VERSICHERUNG BEKOMMEN

Als Franklin Delano Roosevelt 1933 sein Amt als Präsident der Vereinigten Staaten antrat, befand sich das Land auf dem Höhepunkt der Weltwirtschaftskrise, The Great Depression, die durch den New Yorker Börsencrash im Oktober 1929 ausgelöst worden war. Die Arbeitslosenrate lag bei 25 Prozent. Wer seine Miete aufgrund von Jobverlust nicht mehr zahlen konnte, wurde auf die Straße gesetzt. Über zwei Millionen Menschen, darunter zahlreiche Familien, waren obdachlos und zogen als Wanderarbeiter durch das Land. Die Auswirkungen der landesweiten Armut betrafen alle Amerikaner. Auch in den oberen Einkommensbereichen sanken die Gehälter um bis zu 40 Prozent. Wer einen Job hatte, konnte es sich nicht leisten, bei Krankheit auch nur einen Tag zu Hause zu bleiben.

In seinen ersten 100 Tagen im Amt versuchte der als links-liberal geltende Roosevelt, mit einer nie dagewesenen Anzahl an Reformen das Land aus der Weltwirtschaftskrise zu hieven. Der Schwerpunkt seiner New-Deal-Politik lag dabei auf der Neuordnung und Reglementierung des Bank- und Finanzwesens, der Förderung von Industrie und Landwirtschaft sowie der Bekämpfung der Arbeitslosigkeit. Mit dem *Social Security Act* führte er eine durch Arbeitnehmer- und Arbeitgeberanteile finanzierte Alters- und Invalidenrente sowie Arbeitslosenunterstützung ein. Roosevelt dachte auch über die Einführung einer Krankenversicherung für alle nach, aber allein die Erwähnung einer solchen führte sofort zu einer Sondersitzung der Delegierten der American Medical Association (AMA), die fürchteten, dass die Regierung heimlich versuchte, dem Land eine obligatorische Krankenversicherung aufzuzwingen. Die Mitglieder des Finanz- und Steuerausschusses wurden mit Telegrammen aus allen Teilen des Landes überschwemmt, um gegen diese »schändliche Verschwörung« zu protestieren. Roosevelt schob das Projekt erst einmal auf, machte es 1938 aber erneut zum Thema. Dieses Mal war die öffentliche Unterstützung weitaus größer, und er beschloss, ein nationales Gesundheitsprogramm inklusive einer Krankenversicherung zum Wahlkampfthema von 1940 zu machen. Dann funkte der Zweite Weltkrieg dazwischen und schob wichtigere Themen in den Vordergrund.

Nach Antritt seiner vierten Amtszeit versprach Roosevelt in seiner letzten Rede zur Lage der Union im Januar 1945, das Thema staatlich geförderte Krankenversicherung erneut in Angriff zu nehmen. Drei Monate später starb er. Sein Nachfolger, Harry Truman, kündigte im September desselben Jahres Pläne für die Erweiterung und Verbesserung des gesamten Sozialversicherungsprogramms an. Gesetzentwürfe, die ein nationales Gesundheitsprogramm vorschlugen, wurden dem Kongress vorgelegt, in dem 1946 die Republikaner über die Mehrheit verfügten. Die Entwürfe wurden als No-Go abgelehnt. Spätere Versuche einer »sozialisierten Medizin« wurden ebenfalls abgelehnt und als »sozialistische Agenda« gebrandmarkt. Truman wetterte: »Ist es etwa unamerikanisch, Krankenbesuche zu machen, Betroffenen zu helfen oder Sterbende zu trösten? Ich dachte, das wäre einfach nur christlich.«

Harte Fakten

Franklin Delano Roosevelt (1882–1945), ein Cousin fünften Grades von Theodore Roosevelt, gilt bis heute als einer der beliebtesten Präsidenten der USA. Er wurde viermal ins Amt gewählt, starb jedoch kurz nach Antritt seiner vierten Amtszeit an einer Hirnblutung. Kein Präsident vor ihm war länger im Amt. Nach ihm auch nicht, denn mit dem 22. Zusatzartikel der Verfassung wurde die Amtszeit des Präsidenten 1951 auf zwei Amtsperioden begrenzt.

Bisher scheiterten alle amerikanischen Präsidenten, die eine gesetzliche Krankenversicherung einführen wollten, an der fehlenden Unterstützung durch den Kongress. Einer der Gründe ist die Furcht der Senatoren und Kongressabgeordneten, die finanzielle Unterstützung der mächtigen Lobby der Krankenversicherer und Pharmakonzerne zu verlieren. Ein wichtiger Grund ist auch der, dass Amerikaner denken, dass keiner ein Recht hat, sie dazu zu zwingen, eine Krankenversicherung abzuschließen.

Soweit waren nur kleinere Reformen von Erfolg gekrönt. Präsident Lyndon B. Johnson unterzeichnete am 30. Juli 1965 Medicare – die nationale Krankenversicherung für Amerikaner ab 65 Jahren. Die Versicherung ist allerdings weder kostenlos, noch sorgt sie für volle Kostendeckung.

Präsident Obama schuf mit dem *Patient Protection and Affordable Care Act 2010* (»Obamacare«) einen Versicherungsschutz für Geringverdiener. Mit dieser Reform sollte jedem Amerikaner der Zugang zu bezahlbarer medizinischer Versorgung gewährleistet werden. Die Versicherung trat 2013 in Kraft. Der Versichertenschutz nach Obamacare übernimmt jedoch nicht alle Behandlungs- oder Medikamentenkosten in voller Höhe, und viele können sich auch diesen Schutz nicht leisten. Es heißt, dass Obamas *Affordable Care Act* (der 3.000 Seiten umfasst) nach einer Blaupause der großen Versicherer und der American Hospital Association geschrieben wurde.

DIE OBSESSION DER AMERIKANER MIT BASEBALLKAPPEN

52
Nationalmütze

»*Make America Great Again*« stand in weißen Schriftzügen auf der roten Kappe von Kappenträger-*in-chief* Donald Trump. Ein Heer aus Rotbekappten, die dasselbe wollten, jubelten ihm zu. Ob männlich oder weiblich, die Baseballkappe ist des Amerikaners liebstes Freizeitaccessoire und in den USA so allgegenwärtig, dass man sie als Amerikas Nationalhut bezeichnen könnte. Ihr Siegeszug in die heimischen Kleiderschränke und Garderobenständer begann vor über einem Jahrhundert.

Im Jahr 1860 trug das Amateurteam Brooklyn Excelsiors den Vorläufer der modernen Baseballkappe, die um 1900 auch außerhalb des Baseballstadions populär wurde und mit ihrer kurzen Krempe als »Brooklyn-Stil« bekannt war. In den 1940er Jahren wurde das Design verfeinert. Die Krempe wurde länger, in der Innenseite der Mütze befand sich nun Latexgummi als Versteifungsmaterial, und die Front zierten Initiale, Logo oder Maskottchen des Teams. Die moderne Baseballkappe war geboren – zunächst aber nur in den Standardhutgrößen. Die Einheitsgröße gibt es dank Verstellgurt auf der Rückseite seit den frühen 1970er Jahren, und mit dem neuen Snapback-Stil wurde die Kappe als Modeaccessoire immer beliebter. Etwas später folgte der Stretch-Fit, bei dem Lycra dafür sorgte, dass die Mütze einen taillierten Stil bekam und dennoch innerhalb der Größen verstellbar war. Nun war sie auch in der amerikanischen Damenwelt ein heiß begehrtes Utensil – vor allem zum Sonnenschutz. Als Tom Selleck als Magnum in den 1980er Jahren die Bildschirme eroberte und die Baseballkappe trug, trat Amerikas Nationalhut auch in Deutschland den Siegeszug an.

In den USA war die *baseball cap* längst zum Mainstream geworden. Ihre Träger verpassten ihr ein Symbol des persönlichen Ausdrucks und trugen die Kopfbedeckung nach Lust und Laune schräg oder verkehrt herum. Als sie ihren Einzug in die Musikindustrie fand, trug sie fast jeder – vom Rapper über den Punkrocker und Grunge-Sänger in den 1990er Jahren bis hin zu Popstars und der MTV-Generation in den 2000er Jahren. Janet Jackson und Madonna setzten mit der Kappe modische Akzente, für Rapper 50 Cent wurde sie zur Berufsuniform und für Prominente mit tief ins Gesicht geschobenem Schild zum nützlichen Utensil, um unerkannt zu bleiben oder ihre Gesichter vor den Paparazzi zu schützen. Der Erdnussfarmer Jimmy Carter machte die Baseballkappe während seines Wahlkampfes 1976 als Kopfbedeckung für Kampagnen zukünftiger Präsidenten populär. Nach den Anschlägen auf das World Trade Center zeigten die Amerikaner ihre Solidarität mit dem Tragen der Kappen der beiden großen New Yorker Baseball-Teams Yankees und Mets.

Der Washingtoner Autor James Lilliefors machte der Kappe mit seinem 2009 erschienenen Buch *Ball Cap Nation: A Journey Through the World of America's National Hat* sogar Liebeserklärung.

Lilliefors erklärt, warum die Amerikaner trotz all ihrer Unterschiede und unabhängig von ihrer beruflichen Position oder politischen Überzeugung beim Tragen einer Baseballkappe alle Teil desselben Teams sind. Der Autor erforscht alle Aspekte der Kappen und ihrer Kultur, einschließlich Geschichte, Herstellung und Entwicklung, schreibt über das Sammeln und Pflegen der Mützen sowie die Kappenetikette. Das Buch, so amerikanische Kritiker, gibt einen wunderbaren Blick auf ein einzigartiges amerikanisches Phänomen.

Übrigens

Die Baseballkappe ist mit Abstand die beliebteste Kopfbedeckung in den USA und macht 80 Prozent aller Hut- und Mützenverkäufe aus. Man schätzt, dass jährlich über 50 Millionen Exemplare über den Ladentisch gehen. Ob Trucker oder Milliardär, groß oder klein, jung oder alt – die Kappe ist in allen sozialen Schichten und Altersklassen das unverzichtbare Accessoire der Amerikaner.

DIE AMERIKANER TUN SICH SCHWER MIT FREMDSPRACHEN

» Wir haben euch von Hitler befreit, da kann man doch zumindest verlangen, dass ihr unsere Sprache sprecht«, fuhr ein älterer Amerikaner eine noch ältere Verkäuferin in einem kleinen Heidelberger Laden an. Da ist schon Jahre her, aber die Szene, wie die arme Frau eingeschüchtert hinter der Theke stand, irgendetwas stammelte und der Amerikaner in weitere Schimpftiraden verfiel und seine Gattin versuchte, ihn zu beruhigen, ist mir lebhaft im Gedächtnis geblieben.

Die Organisation American Council on the Teaching of Foreign Languages (ACTFL), die es sich zum Ziel gesetzt hat, das Lehren und Lernen von Fremdsprachen auf allen Niveaustufen zu verbessern und zu erweitern, sagt, dass es in den

USA nicht nur eine Lücke beim Sprachenlernen gäbe, sondern dass diese immer größer werde.

»Wir denken, der Rest der Welt spricht Englisch, was nicht stimmt: 75 Prozent der Menschen außerhalb der USA sprechen kein oder kaum Englisch. Wir müssen uns für den Rest der Welt öffnen, und die Art und Weise, wie Sprachen jetzt mit dem kommunikativen Ansatz unterrichtet werden, macht es wirklich jedem möglich, eine Sprache zu lernen«, so eine Sprecherin der ACTFL.

Amerikanische Schulen legen nicht viel Wert auf Fremdsprachenausbildung. In vielen Bundesstaaten gilt das Erlernen einer Fremdsprache als elitär, überflüssig und oft auch als unpatriotisch. Im Jahr 2006 rief Präsident George W. Bush die National Security Language Initiative (NSLI) aus und stellte 114 Millionen Dollar bereit, damit mehr amerikanische Schüler und Studenten Fremdsprachen lernen – insbesondere dringend benötigte Sprachen wie Arabisch, Chinesisch, Hindi, Koreanisch, Persisch und Russisch. Die NSLI sollte dafür sorgen, dass der Regierung auch in Zukunft genügend Fremdsprachenexperten zur Verteidigung der nationalen Sicherheit zur Verfügung standen.

Der *Miami Herald* ist der Meinung, dass »die Vereinigten Staaten in einer zunehmend globalen Wirtschaft an Wettbewerbsfähigkeit verlieren werden, wenn ihre Bevölkerung keine Fremdsprachen spricht, und dass, wenn Trump Amerika wieder so groß machen will, wie sein Wahlkampfslogan lautet, er Spanisch und andere Sprachen lernen und sie so oft wie möglich sprechen sollte«.

Nach Zahlen der American Academy of Arts & Sciences lernten 2019 bis zur 12. Klasse nur 20 Prozent der Schüler eine Fremdsprache, und am College schrieben sich nur 7,5 Prozent für eine Fremdsprache ein. Der meist nicht obligatorische Fremdsprachenunterricht an der Highschool beträgt im Durchschnitt zwei Jahre mit zwei bis fünf Stunden in der Woche. Lediglich in elf Staaten gehören Grundkenntnisse in einer Fremdsprache zu den Abschlussvoraussetzungen der Highschool.

Laut American Council ist die Anzahl der Schüler, die eine Fremdsprache lernen, in New Jersey mit über 51 Prozent und Washington, D. C., mit 47 Prozent am höchsten, gefolgt von Maryland mit mehr als 35 Prozent und Delaware mit 32 Prozent. Schlusslichter sind New Mexico mit 8,5 Prozent, Arizona und Arkansas mit jeweils 9 Prozent. Spanisch ist in allen Staaten mit Abstand die am meisten unterrichtete Fremdsprache. Weitere beliebte Sprachen an Highschools sind Französisch, Deutsch und Chinesisch. In Pennsylvania und Michigan ist die Anzahl der Schüler, die Deutsch wählen, weitaus höher als in den anderen Staaten, was daran liegen mag, dass sich in Detroit die Autoindustrie befindet und in Pennsylvania fast 30 Prozent der Einwohner deutsche Wurzeln haben. Die Sprache liegt dennoch hinter Französisch und Spanisch.

Übrigens

Hier ist die Meinung eines Amerikaners, der findet, dass das Erlernen einer Fremdsprache reine Zeitverschwendung ist:

»Eine Fremdsprache fließend zu beherrschen ist in anderen Ländern wichtiger als in den USA. Menschen auf der ganzen Welt lernen Englisch. Warum? Weil Englischkenntnisse ihnen helfen, gute Jobs zu finden, interessante Leute kennenzulernen und Kultur zu genießen. Ziemlich offensichtlich, oder? Um zu verstehen, warum Amerikaner keine Fremdsprachen lernen, kehrt man diese Argumentation einfach um. Wir lernen keine Fremdsprachen, weil Fremdsprachen uns selten helfen, gute Jobs zu finden, interessante Leute kennenzulernen oder Kultur zu genießen. Wir Amerikaner leben in einem ungewöhnlich reichhaltigen und vielfältigen wirtschaftlichen, sozialen und kulturellen Pool und haben daher wenig Grund, auszubrechen. Und wenn wir beschließen, andere Pools zu probieren, können wir buchstäblich um die Welt reisen, ohne auch nur ein Wort einer anderen Sprache lernen zu müssen.«

DIE RUSSEN LIEBEN DIE GRÜNE PARTEI AMERIKAS

Im Wahlkampfjahr 2016, als viele Wähler nach Alternativen zu den Kandidaten der beiden großen Parteien suchten, erhielt die Präsidentschaftskandidatin der Grünen, Jill Stein, 1,1 Prozent der Stimmen. Statt grüner Agenda standen bei ihr »Anti-Establishment-Statements« auf dem Programm. So drohte sie, dass diejenigen, die Hillary Clinton ihre Stimme gäben, nur den Rechtsextremismus schürten, was genauso schlimm wäre, wie Trump zu wählen. Bei den Wahlen 2020 erzielten die Grünen nur noch 0,3 Prozent.

The Green Party of the United States (GPUS) ging 2001 aus der Association of State Green Parties hervor, als diese sich von den 1991 gegründeten Greens/Green Party USA (G/GPUSA) absplitterte. Ihre inhaltlichen Schwerpunkte sind neben Basisdemokratie, Frieden, Ökologie und sozialer Gerechtigkeit Dezentralisierung, Feminismus und Geschlechtergerechtigkeit, Respekt vor der Vielfalt, persönliche und globale Verantwortlichkeit sowie Zukunftsorientierung und Nachhaltigkeit.

Grüne Ideen treten nur dann in die politischen Debatten der USA ein, wenn Demokraten und Republikaner diese Themen aufgreifen. Im Wahlkampf 2016 unterstützten große US-Umweltgruppen Clinton bereits, noch bevor sie die Nominierung vor Bernie Sanders gewonnen hatte, obwohl dieser aggressivere Positionen zu Umwelt- und Energiefragen einnahm.

2016 verabschiedete die Grüne Partei einen Antrag zugunsten der Ablehnung des Kapitalismus und des Staatssozialismus und unterstützt stattdessen ein »alternatives Wirtschaftssystem auf der Grundlage von Ökologie und Dezentralisierung der Macht«.

Breite Aufmerksamkeit erzielten die als links geltenden Grünen erstmals während der Präsidentschaftswahlen 2000, als ihr Kandidat, Ralph Nader, gegen George W. Bush und Al Gore antrat und 2,7 Prozent der Stimmen erhielt. Wählerbefragungen unmittelbar nach der Wahl ergaben, dass der grüne Verbraucheranwalt die Hälfte seiner Stimmen von Anhängern der Demokraten erhalten hatte. Diese beschuldigten ihn nun, mit seiner Kandidatur die Wahl für Al Gore verdorben zu haben. In den Jahren 2012 und 2016 trat die frühere Ärztin Jill Stein als Kandidatin für ihre Partei in den Präsidentschaftswahlkampf. 2012 konnte sie nur 0,36 Prozent der Wählerstimmen für sich gewinnen, vier Jahre später 1,1 Prozent.

Im Dezember 2017 berichtete die renommierte Tageszeitung *Washington Post*, dass das Geheimdienstkomitee des Senats die Präsidentschaftskampagne von Jill Stein auf mögliche »Absprachen mit den Russen« prüfe. Zwei vom US-Senat in Auftrag gegebene Berichte stellten fest, dass die russische

Internet Research Agency Steins Kandidatur durch Social-Media-Beiträge gefördert hatten. Zwar deutete in den Berichten nichts darauf hin, dass Stein von der Operation wusste, aber es war bekannt, dass die Politikerin seit langem für ihre Unterstützung der internationalen Politik kritisiert wurde, die die außenpolitischen Ziele Russlands widerspiegelt. Man fand zudem heraus, dass es in den Jahren 2015 und 2016 über 100 positive Geschichten über Stein in den staatlichen russischen Mediennetzwerken RT und Sputnik gegeben hatte. Als dann noch ein Foto aus dem Jahr 2015 auftauchte, das Stein in Moskau an einem Tisch beim Abendessen mit Putin zeigte, nannten Gegner sie »russische Spionin«, und für Hillary Clinton stand fest, dass Stein ein Werkzeug der Russen sei.

Die Geschichte machte in den US-Medien noch bis Dezember 2019 Furore.

Fakten

In den USA gibt es um die 60 kleine Parteien, von denen lediglich acht bei den Präsidentschaftswahlen 2020 ein paar Stimmen erzielten. Neben der Green Party, die zusammen mit der Socialist Party USA (SPUSA) einen gemeinsamen Kandidaten stellte, waren das die Libertarian Party, die Alliance Party, die Party for Socialism and Liberation, die Birthday Party von Kanye West, die Constitution Party, die Independent Party und die American Solidarity. Hiervon war die Libertarian mit über 1,8 Millionen Stimmen die stärkste der kleinen Parteien, die Grünen mit knapp über 405.000 Stimmen die zweitstärkste. Alle anderen lagen weit darunter.

Das politische System Amerikas macht es Drittparteien schwer, an der Politik teilzunehmen. Ein Sitz im Kongress blieb den Grünen bisher verwehrt, sie stellten jedoch mehrmals Bürgermeister in Kalifornien und im Staat New York.

IN DEN USA WURDEN ORTE AUCH SCHON MAL VON KOMMUNISTEN UND SOZIALISTEN REGIERT

55
Sozialismus

Als der 26-jährige Karl Emil Nygard, Sohn eingewanderter Finnlandschweden, 1932 zum President of the Village Council des damaligen Minenstädtchens Crosby in Minnesota gewählt wurde, war er der erste Kommunist der USA in einem Bürgermeisteramt – allerdings auch der letzte. Dass er den Arbeiterrat in die Kommunalregierung einbezog und den 1. Mai zum Feiertag erklärte, war den Bergbauunternehmern ein Dorn im Auge. Als sich Gerüchte verbreiteten, dass kein Arbeiter in den Minen mehr eingestellt würde, solange Nygard Bürgermeister war, verlor er bei der Wiederwahl 1934 haushoch. Während die Kommunistische Partei Amerikas seit ihrer Gründung 1919 nur einen einzigen Bürgermeister stellte, kann die Sozialistische Partei der USA (SPUSA) mit weit über 60 aufwarten, wovon zwei sogar 24 Jahre im Amt blieben.

Der Jurist Daniel Webster Hoan war bei seinem Amtsantritt 1916 bereits der zweite sozialistische Bürgermeister von Milwaukee, Wisconsin. Gründe für seinen Wahlerfolg waren vor allem, dass er zuvor als Staatsanwalt mit der Korruption unter den städtischen Amtsträgern aufgeräumt hatte und sich im Gegensatz zu seiner Partei nicht gegen den Eintritt der USA in den Ersten Weltkrieg stellte. Wo die jungen Männer der Midwest-Metropole doch erpicht darauf waren, Uncle Sam's Ruf zu folgen und für Freiheit und Gerechtigkeit in den Kampf zu ziehen.

Als Bürgermeister entwickelte Hoan den Ruf für eine ehrliche und effiziente Regierung. Er führte fortschreitende Reformen durch, einschließlich des ersten öffentlichen Wohnungsbauprojekts des Landes, Garden Homes. Während seiner Amtszeit wurde in Milwaukee das erste öffentliche Bussystem der Vereinigten Staaten eingeführt, nachdem Fußgänger immer wieder von Straßenbahnen, die in der Mitte der Straße fuhren, überrollt worden waren – darunter Hoans Parteigenosse Victor Berger, der 1910 als erster Sozialist in den Kongress gewählt wurde. Der zweite und letzte war der New Yorker Meyer London im Jahr 1914.

Bei den Bürgermeisterwahlen 1940 verlor der Sozialist gegen den Demokraten Carl Zeidler, der aber nach zwei Jahren im Amt als Major in den Krieg zog und nicht wiederkam. 1948 wurde sein Bruder, der Sozialist Frank Zeidler, ins Amt gewählt und regierte die Stadt zwölf Jahre. Er war der letzte Bürgermeister aus den Reihen der Sozialistischen Partei. Zeidler zog 1976 als Kandidat der Sozialisten in den Präsidentschaftswahlkampf und erhielt 6.038 Wählerstimmen. Peanuts im Vergleich zu Parteigenosse Eugene Debs aus Illinois, für den 1920 fast eine Million Wähler stimmten – mehr konnte kein Kandidat in der Geschichte der Sozialistischen Partei für sich verbuchen.

Von Korruption geplagt und der Weltwirtschaftskrise schwer getroffen, hatten die Bürger von Bridgeport, Connecticut, erst vom republikanischen, dann vom demokratischen Bürgermeister die Nase voll und wählten 1933 Jasper McLevy ins Amt. Ein Aufruhr ging durch die nationale Presse – eine Stadt in Neuengland in der Hand eines Sozialisten? Viele fürchteten eine Revolution und eine Flucht des Kapitals aus der größten Stadt Connecticuts. Beides fand nicht statt, dagegen begann McLevy mit rigorosen Reformen, die Bridgeport aus den Miesen holte, und zum Dank wurde er elfmal wiedergewählt. Er schied 1957 mit 79 Jahren aus dem Amt. Seitdem war kein Mitglied der SPUSA mehr in einem ähnlichen Amt vertreten. Die Partei, die laut *New York Times* 2011 gerade mal aus 1.000 Mitgliedern bestand, soll nach der Wahl Trumps einen enormen Zulauf bekommen haben und heute 50.000 Mitglieder zählen. Die Partei stellt bei jeder Präsidentschaftswahl einen Kandidaten – 2020 erhielt sie 0,3 Prozent der Wählerstimmen.

> **Übrigens**
>
> The Socialist Party USA (SPUSA) ging 1973 aus der 1901 gegründeten Socialist Party of America (SPA) hervor, die sich 1972 in Social Democrats USA (SDUSA) umbenannt hatte. Berühmte Mitglieder der Partei waren die Schriftsteller Jack London *(Der Seewolf, Ruf der Wildnis)* und Upton Sinclair *(Der Dschungel)*.

STICHWORT-VERZEICHNIS

50. Stern   93–95

»Adel«   31–35

American Football   59–61

Amtsverlosung   41–44

Baseball   21–25

Bestzeiten   199–201

Bilingualität   239–242

Die Grünen   243–245

Einwanderung   17–20

Endzeit-
stimmung   145–147

Fantastereien   149–151

Feindschaften   75–79

Filmindustrie   113–115

Flavor
Graveyard   105–107

Fritz Kuhn   157–159

Gewerkschafts-
aktivisten   153–156

Grenzenlose
Tierliebe   183–187

Interkulturelle
Kommunikation   67–70

Internationale
Beziehungen   55–57

Konjunktur-
programme   71–73

Mobsters   125–132

Nationalfigur   121–123

Nationalmütze   235–237

Partyalarm   173–176

Patriotismus   97–99

Philanthropen   109–111

Pleitegeier   223–226

Post holen   101–103

Radikaler Humanismus 207–210

Rechtsstreitigkeiten 161–164

Reenactment 219–221

Reiterhirten 181–182

Religionsfreiheit 51–53

Rindviecher 177–180

Ringkämpfer 227–230

Säkularismus 37–40

Schattenpräsidentin 203–206

Schmutzige Wäsche 215–217

Schulden 85–87

Sklaverei 133–136

Skurrile Erfindungen 211–213

Skurrile Erlasse 63–65

Sozialismus 247–249

Sozialversicherungsprogramme 231–234

Sprache 27–30

Staatskantate 193–197

Stars and Stripes 89–91

Thomas Jefferson 169–172

Twitter 117–119

Ufos 165–168

Ureinwohner 137–139

Urnengang 45–49

Whiskey 189–191

Wildwestshows 141–143

Zwangsräumung 81–83

ABSEITS DER
AUSGETRETENEN PFADE

Marion Renk-Rosenthal
Format: 11,5 x 16,5 cm
ISBN 978-3-96855-279-8

16,95 €

Dieses Buch ist der perfekte Begleiter für all jene Besucher
Kaliforniens, die gerne abseits von Menschenmengen auf
Entdeckungsreise gehen. Von den Marihuana-Feldern im hohen
Norden bis zur Chicano-Kunstszene nahe der mexikanischen
Grenze werden 50 Tipps für besondere Erlebnisse abseits der
ausgetretenen Pfade vorgestellt.

Weitere Infos unter:
360grad-medienshop.de/USA-Kalifornien

Versandkostenfreie Lieferung innerhalb Deutschlands

Telefon: +49 2104 / 50631 00
Telefax: +49 2104 / 50631 56

360° medien

info@360grad-medien.de
www.360grad-medien.de

Die junge Frau und das Meer – Coming-of-Age meets Heimatliteratur

SYLVIE GÜHMANN

DIE JUNGE FRAU UND DAS MEER

WARUM ICH IN OSTFRIESLAND DEN ÜBERBLICK BEHALTE

CON BOOK.

Sylvie Gühmann
Die junge Frau und das Meer
Warum ich in Ostfriesland den
Überblick behalte

ISBN 978-3-95889-388-7
ISBN 978-3-95889-392-4

Ostfriesland – unendliche Weiten. Und eine Frau, die, umgeben von Wasser, Wind und plattem Land, heranwächst und sich wundert. Sylvie Gühmann berichtet über ihre Angst vor Bergen, grotesken Felsen und Abgründen, von ihrer Angst vor dem Unüberblickbaren.

Sie erzählt von der Wuchtigkeit des Nichts, der Kraft der Leere der ostfriesischen Landschaft und der Teezeremonie, ihrem Alltagsanker. Mit Mitte zwanzig, inmitten der Großstadt Hamburg, fragt sie sich, was sich alle Wandernden mit Mitte zwanzig fragen: Will ich eigentlich zurück?

Bestens vorbereitet mit den Reise-Hacks

Die neue gut gelaunte Ratgeberreihe fürs Handgepäck

Reise-Hacks für
Hundemenschen
ISBN 978-3-95889-419-8

Reise-Hacks für
frisch gebackene Eltern
ISBN 978-3-95889-420-4

Reise-Hacks für
Klimabewusste
ISBN 978-3-95889-418-1

Reise-Hacks für
Nackte
ISBN 978-3-95889-422-8

Reise-Hacks für
Laufbegeisterte
ISBN 978-3-95889-421-1

CON
BOOK.

Ein Kompendium der schönsten Strecken Europas

Veronika Wengert und Jörg Dauscher
Nachtzugreisen
Die schönsten Strecken Europas

ISBN 978-3-95889-416-7
ISBN 978-3-95889-425-9

In vielen europäischen Ländern schlummerte das Reisen im Nachtzug einen langen Dornröschenschlaf. Nun ist es wieder da! In Zeiten von Slow Travel und Nachhaltigkeit erlebt dieses ganz besondere Reiseerlebnis einen echten Boom: Das Nachtzugnetz wächst, und jedes Jahr kommen neue Verbindungen hinzu.

Spannende Städte, traumhafte Landschaften und weniger bekannte Lieblingsorte lassen sich nicht nur ganz entschleunigt, sondern auch umweltfreundlich bereisen. Lassen Sie sich inspirieren und entdecken Sie die schönsten Nachtzugstrecken in ganz Europa.

CON
BOOK.